Hugo Hamilton
Die redselige Insel

Hugo Hamilton

Die redselige Insel

Irisches Tagebuch

*Aus dem Englischen von
Henning Ahrens*

Sammlung Luchterhand

Dieses Irland gibt es.
Und sollte man dorthin reisen
und es nicht finden, dann hat man
nicht gut genug hingeschaut.

Inhaltsverzeichnis

1 Die redselige Insel *9*

2 Die Stadt der ewigen Jugend *21*

3 Mayo – God help us *30*

4 Die reizendsten Menschen der Welt *38*

5 Skelett einer menschlichen Siedlung *47*

6 Ambulanter politischer Zahnarzt *55*

7 Porträt einer irischen Stadt *66*

8 Gut möglich *77*

9 Betrachtungen über den irischen Regen *85*

10 Das Mädchen mit den Augen von Vivien Leigh *90*

11 Wenn Seamus einen trinken will *95*

12 Blick ins Feuer *101*

13 Der reglose Mann in der Camden Street *106*

14 Der neunte Händedruck von Thomas D. *111*

15 Der Ring von Marie Antoinette *121*

16 Der Suppenkessel von Dugort *134*

17 Redensarten *143*

18 Abschied *151*

1

Die redselige Insel

Ich wusste, dass ich eine Grenze überschritt. Ich flog über die Irische See zurück, nachdem ich einer Einladung gefolgt war und auf einer Konferenz in Oxford einen Vortrag über meine deutsch-irische Kindheit in Dublin gehalten hatte. Vermutlich habe ich immer schon in jenen staubigen Grenzbereichen der Kultur gelebt, wo alles fremd und vertraut zugleich ist. Ich stehe mit einem Fuß in Irland und mit einem in Deutschland, bin in beiden Ländern sowohl ein Fremder als auch ein Einheimischer. Man hat mir vorgeworfen, wie ein Kaninchen in beiden Richtungen über die Grenze zu flitzen und unterschiedslos die Worte »wir« und »uns« zu gebrauchen. Als kleiner Junge zog ich einmal eine Linie auf dem Küchenfußboden und verkündete meiner Mutter, auf dieser Seite sei Irland, auf jener Deutschland. Sie lachte und meinte, auf diese Weise dürfe ich das Haus nicht teilen, denn wie solle sie sonst ihren Kuchen backen? Gut möglich, dass es heutzutage ähnlich schwerfällt, die Grenze zwischen Nationen zu ziehen, zwischen Kulturen, zwischen verschiedenen Arten von Zuhause und Zugehörigkeit. Gut möglich, dass ich nur in meinem Kopf eine Grenze überschreite, doch ich spüre es jedesmal. Noch bevor das Flugzeug zur Landung in Dublin ansetzte und man uns aufforderte, den Sicherheitsgurt zu schließen, spürte, hörte und sah ich, dass ich eine unsichtbare Linie überquerte. Ich war wieder im redseligen Land. Genau das lässt die Menschen hier aufleben.

In Irland ist man ein Niemand, wenn man nicht redet oder wenn nicht über einen geredet wird oder wenn man nicht jemandem zuhört, der über einen anderen redet.

Die Straßen waren voller Menschen, die bunte Hemden trugen und Flaggen und Banner schwenkten. Es war der Tag des nationalen Finales im Hurling, diesem uralten, gälischen Spiel, dem schnellsten Feldspiel der Welt, und Cork spielte gegen Galway. Die Bürgersteige quollen über von Menschen, und da der Verkehr auf den verstopften Straßen nur langsam vorankam, beschloss ich kurzerhand, den Taxifahrer zu bezahlen und auszusteigen. Ich zog den Koffer hinter mir her zu Fagan's Bar, weil ich hoffte, dort noch eine Karte zu bekommen.

»Aussichtslos«, sagte man mir. »Alle Welt versucht, noch Karten zu kriegen.«

Ich war wirklich von hoffnungslosen Optimisten umgeben. Immer wieder traf ich auf Leute, die nur mit den Schultern zuckten und erwiderten, sie bräuchten selbst noch eine Karte. Sogar die Türsteher, die im schwarzen Anzug draußen vor den Pubs standen, versuchten zu helfen. Eine Schar Mädchen aus Galway, alle in weinroten T-Shirts, fragte mich, ob mein Koffer voller Karten sei. Ein Mann in roter Kleidung, auf dessen Brust die Worte »Volksrepublik Cork« prangten, lachte und sagte, zu Hause habe er noch einen ganzen Berg Karten. Wenn eine kurz in irgendeiner Tasche zu sehen war, schossen die Menschen von allen Seiten auf den glücklichen Besitzer zu, um ihn zu fragen, ob er sich nicht vielleicht doch von dem wertvollen Stück Papier trennen mochte. Die Leute tranken Bier, unterhielten sich über den dichten Verkehr auf dem Weg nach Dublin, trafen feste Verabredungen für nach dem Spiel. Mädchen lachten wie Jungen, Männer kreischten wie Mädchen und stießen sich gegenseitig mit den Ellbogen in die Seite, als könnten sie den Anpfiff nicht erwarten. Manche Leute sagten das Ergebnis voraus, andere rannten in letzter Minute noch einmal aufs Klo, wieder andere sammelten Geld für Asthmaforschung oder für die Rossport Five. Ein alter Mann mit der Miene eines Heiligen hielt ein Plakat mit der Aufschrift »Wer hat eine Karte für einen treuen Fan?« hoch. Und mitten im Aufruhr teilte eine junge Frau mit einem Kinderwagen die Menge wie ein Krankenwagen, dessen Sirene unablässig »Sorry, sorry« heult.

Weiter oben auf der Straße traf ich zwei Männer, die um das feilschten, was allem Anschein nach die letzte Karte auf Erden war. Einer von beiden sauste los wie von der Tarantel gestochen, und der Schwarzhändler hob beide Hände. Ich war zu spät gekommen.

»Tut mir leid«, sagte er. »Er ist gerade unterwegs zum Geldautomaten.«

Als ich ihn fragte, wieviel er für die Karte haben wolle, witterte er die Chance, blanken Opportunismus zu zeigen. Die Gier war mir offenbar ins Gesicht geschrieben.

»Kommt darauf an, wer das meiste bietet«, sagte er geschäftsmäßiger.

Er war bereit, mir die Karte vor der Rückkehr des anderen Interessenten zu einem noch höheren Preis zu verkaufen. Doch ich schüttelte den Kopf. Wie konnte ich einem Mann, der schon einem Preis zugestimmt hatte und gerade vom Geldautomaten zurückkam, dieses einmalige Glück vor der Nase wegschnappen? Der Schwarzhändler wurde urplötzlich zur ehrlichen Haut und sagte, er könne mir die Karte nicht vor der Nase des anderen Kunden verkaufen, das wäre unfair.

Die Iren sind schon immer Weltmeister im Reden und Teetrinken gewesen, sie rauchen wie die Schlote, schütten Unmengen von Alkohol in sich hinein, und ihr Drogenkonsum ist auch nicht von schlechten Eltern. Der Kaffee ist für sie wie ein neuer Glaube, das Einkaufen wie ein neuer Roman, aber vor allem sind sie seit jeher Helden des Opportunismus gewesen. Die Geschichte hat die Iren gezwungen, immer auf ihr Glück zu vertrauen. Irland ist möglicherweise das einzige Land, in dem die nationale Eigenart, blindlings sein Glück zu versuchen, die Stagnation von einem Tag auf den anderen in Innovation verwandelt hat und Verzweiflung und Korruption in blühendes Unternehmertum umschlagen ließ, das einzige Land, in dem ein ehemaliges Staatsoberhaupt eine Verleumdungsklage gegen eine Londoner Zeitung gewann, die ihn als *gombeen man* bezeichnet hatte – ein unnachahmliches irisches Wort für einen Geldverleiher, einen bauernschlauen Abzocker aus der Provinz. Irland stellte eine Ausnahme innerhalb der europäischen Sozialordnung dar, denn Armut galt ebensowenig als Schande wie Reichtum oder wenigstens als etwas, worüber man nicht sprach. Irland mag immer schon die redselige Insel gewesen sein, aber zugleich war es auch immer die schweigsame Insel, eine Insel, auf der man über bestimmte Dinge nicht sprach, eine Insel, auf der man die Probleme totschwieg. In Irland galten Armut und Auswanderung als Naturkatastrophen, auf die man genausowenig Einfluss hatte wie auf das Wetter. Irland war eine Insel ohne Planungsvorgaben, und deshalb wurde die Landschaft zu einer Brache, die jeder, der genug Mut hatte dazubleiben, für sich beanspruchen und ausbeuten konnte. Die Menschen wurden so besessen von Land und Heimatgefühl, dass sie das Interesse an ihrem eigenen Erbe verloren. Sie haben die Vergangenheit benutzt, und nun möchten sie sie vergessen. Sie haben die Selbstverleugnung gegen die Selbstverliebtheit eingetauscht, wie der Soziologe Tom Inglis meint, den Patriotismus gegen die Besitzgier. Irland pflegt ein Image der Naturverbundenheit, aber die Natur bleibt ein Hindernis für den Fortschritt. Vielleicht erklärt dies, warum dieses kleine Land mit seiner entbehrungsreichen Geschichte inzwischen so fest an die vom Menschen geschaffene Umwelt glaubt und in einem weltweit fast einmaligen Maße vom Auto abhängig ist. Die Wirtschaft blüht zwar, aber die Kluft zwischen Reich und Arm ist genauso breit wie immer.

Irland: Eine Nation von Schwarzhändlern? Das wäre natürlich etwas übertrieben. Wahr ist aber, dass sich die Iren verändert haben. Früher waren sie ein Volk, das von seiner Phantasie lebte, von seinen geistigen und seelischen Werten, vom Geschichtenerzählen und von milden Gaben der EU. Heute hat sich die Phantasie der Iren auf materielle Werte verlagert, und die Geschichten, die sie einander erzählen, sind häufig solche, die von multinationalen Konzernen wie Sony oder Debenham's erfunden worden sind. Heute sind die Iren die großen, unverbesserlichen Optimisten Europas, sie sind glückliche Kapitalisten, die mit ihren Kreditkarten Amok laufen und alles kaufen und verkaufen, was ihnen unter die Augen kommt. Die geniale »Geiz-ist-geil«-Methode der Fahrpreisrabatte und Billigreisen ist hier erfunden worden. Angeblich hat man niemals das Gefühl, dass es ernsthaft zur Sache geht, wenn man mit Iren verhandelt, weil diese das Geschäftliche stets durch den Kakao ziehen und ihm einen scherzhaften Anstrich geben. Aber genau darum sind viele Iren über Nacht zu

Millionären geworden, die alle Taschen voller Geld haben, wie man so schön sagt. Irland ist heute eine mustergültige Gesellschaft der Besitzenden, die weder Bedauern noch Skrupel kennen. Andererseits entschädigen sich die Iren immer noch für jahrhundertelange Armut und Unterdrückung. Wer wollte es ihnen da verübeln, wenn sie jetzt ihren neuen Reichtum zum Fenster hinauswerfen, und sei es für protzige Produkte oder Fastfood? Heutzutage braucht jeder irische Haushalt einen Sandwichtoaster und ein Bräunungsstudio, einen Whirlpool und ein Himmelbett. Die Iren haben immer auf Mitleid gespielt, immer darauf gepocht, dass sie ein Volk sind, dem im Laufe seiner Geschichte viel Leid angetan worden ist. Sie wurden von abstrakten Kräften beherrscht, von Fremden und von Hungersnöten, von Auswanderung, Isolation und fehlenden Bodenschätzen. Sie sind ein Volk, das eine Verschnaufpause redlich verdient hat. Inzwischen gelten diese alten Ausreden aber nicht mehr, und außerdem ist das, was einem früher einmal angetan wurde, immer nur halb so schlimm wie das, was man sich selbst antut. Die Iren genießen ihre neue materielle Freiheit, aber ich frage mich manchmal, ob sie wissen, was sie sich damit antun.

Gut möglich, dass ich zuviel in den Charakter eines Schwarzhändlers hineinlas. Der eigentliche Opportunist war ja ich, denn ich hatte testen wollen, ob dieser Mann vor dem Croke-Park-Stadion noch eine Karte hervorzaubern konnte. Der Verkehr stand so gut wie still. Die Läden machten einen riesigen Umsatz mit Wasser, Sandwichs und Pfefferminzbonbons. In den roten Backsteinhäusern lehnten sich die Menschen aus den Fenstern, um von oben die wimmelnde Menge zu betrachten. Die Schiebefenster wurden auf abenteuerliche Art durch eine Flasche

Sonnenblumenöl oder eine Bierdose gehalten, damit an diesem heißen Septembernachmittag ein bisschen frische Luft in die Zimmer kam. Als der Schwarzhändler schließlich doch noch eine Karte aus der Tasche zog, wollte er mir weismachen, dass er nie mehr jemanden abzocken werde, also, anders gesprochen, kein *gombeen man* sei, und ich musste ihm zwei englische Zehn-Pfund-Scheine extra in die Hand drücken, weil es sich wirklich und wahrhaftig um die letzte Eintrittskarte auf Erden handelte.

Sekunden später war ich unterwegs zum Stadion. Ich tat so, als wäre ich ein echter Fan, obwohl ich einen Koffer hinter mir herzog, der sich für viele Passanten als Stolperfalle erwies. Ich hätte ihn am liebsten irgendwo abgestellt, aber in den Pubs wollte man keine Verantwortung dafür übernehmen, und in den Läden war kein Platz. Wieder schüttelten alle nur mit dem Kopf, aber schließlich fand ich eine Reinigung, und dort erklärten sich zwei philippinische Mädchen freudig bereit, bis zum Ende des Spiels auf den Koffer aufzupassen. Sie wollten nicht einmal Geld dafür. So war ich am Ende doch noch ein echter Fan und schlüpfte durch das knirschende Drehkreuz in die Hogan-Kurve des Croke-Park-Stadions, in dem es nur Sitzplätze gab und das Rauchen streng verboten war.

Ringsumher saßen die Glücklichen: Männer, Frauen und Kinder, über achtzigtausend Menschen, die alle gleichzeitig redeten, Süßigkeiten verteilten, Witze rissen, sich über drei Sitzreihen hinweg unterhielten und sich über sechs Reihen hinweg Beleidigungen an den Kopf warfen. Jeder hatte seine Pose, seinen Akzent, einen bunten Cowboyhut, einen Schal, eine Fahne oder ein Armband aus Wolle. Jeder taxierte jeden, jeder stopfte jedem das Maul, lauschte dem hellen Klang der Triangel des Blasorchesters, wartete darauf, dass der irische Staatspräsident auf den roten Teppich trat und den Spielern die Hand gab.

»Für wen bist du?« fragte mich mein Sitznachbar. Er wollte wissen, mit wem er es zu tun hatte, ob ich für Galway und damit auf seiner Seite war. Er sah mich so misstrauisch an, als wäre einem neutralen Zuschauer nicht zu trauen. Männer, die in letzter Minute eintrafen, schauten sich um und sagten: »Wo sind wir denn hier gelandet? Gott steh uns bei, die sind ja alle aus Cork.« Einer von ihnen zeigte auf mich und meinte aus Spaß, ich sei wohl ein Typ aus Cork in Verkleidung, was meinen Nachbarn noch misstrauischer machte. Dann beugte sich eine Frau vor, die drei Plätze weiter saß, und fragte, ob ich mit Eleanor Murphy verwandt sei. Eleanor Murphy, nein, nicht dass ich wüsste. Ich schüttelte den Kopf, und sie sah mich so scharf an, als wäre ich ein Lügner.

»Darf ich Sie etwas fragen?« sagte sie.

»Natürlich.« Ich nickte.

»Wo haben Sie die Eintrittskarte her?«

Da kam ich mir plötzlich vor wie ein Hochstapler. Im Angesicht von zweiundachtzigtausend Fans, die gekommen waren, um sich das ausverkaufte Finale dieses zählebigen Amateur-Sports anzuschauen, musste ich gestehen, einem Schwarzhändler die letzte Karte auf Erden abgekauft zu haben.

»Genau das habe ich mir gedacht«, sagte sie lächelnd.

Doch sie machte mir keinen Vorwurf daraus, sondern verstand sehr gut, was jemanden zu einer solchen Verzweiflungstat treiben konnte. Sie erklärte mir, dass sie die Karten für diese ganze Sitzreihe verwaltet habe. Sie seien Mitglieder eines kanadischen Hurling-Clubs, und meine

Karte sei an eine Frau namens Eleanor Murphy verkauft worden, die »bei Gott« geschworen habe, es sei ein Geschenk für ihren Neffen, einen völlig hurlingverrückten Jungen, aber wie sich nun zeige, habe sie die Karte »schändlicherweise« verkauft, um einen Gewinn zu machen, und damit das Spiel verraten. Sie dankte mir für meine Mithilfe bei der Aufdeckung eines schlimmen Betrugs.

Der Lärmpegel stieg, und endlich begann das Spiel. Ich fragte mich, ob meine heimliche deutsche Hälfte die Regeln richtig verstand. Auf einen halben Ausländer wirkte das Spiel wie die Abart eines Kampfsports, bei der die Spieler, von denen manche Helme mit Schutzgitter trugen und manche nicht, mit Holzstöcken den Ball oder *sliotar* vom Rasen auflasen und quer über das Feld knüppelten. Immer, wenn der Schläger den Ganzlederball mit der Wucht eines Gewehrschusses durch die Luft sausen ließ, ertönte ein Klacken, und der Spieler erbebte von den Armen über die Rippen und Beine bis in die Zehen. An der Seitenlinie standen Helfer mit Dutzenden von Ersatzstöcken bereit, falls ein Spieler seinen Stock in die Luft reckte wie einen gebrochenen Arm. Ab und zu notierte der Schiedsrichter einen Namen wegen Foulspiels, aber wenn die Spieler einander mit den Schultern rammten oder wenn Blut floss, wenn man die Schläger kreuzte wie Schwerter oder jemand im Getümmel den Ball mit der Hand im Flug fing, war es fast unmöglich, zwischen fairem und unfairem Spiel zu unterscheiden. Der Trick an der Sache bestand offenbar darin, möglichst wendig zu sein, Haken zu schlagen und den Gegner mit der Intuition eines Hasen in die falsche Richtung rennen zu lassen, um dann mit dem Ball auf dem Schläger loszuspurten wie bei einem spontanen Lauf mit Löffel und Ei.

Immer wenn Cork punktete, brüllte der Mann hinter mir mit überschnappender Stimme: »HUR … LING!« Wenn Galway einen Punkt machte, wedelte mein Nachbar mit dem Programm vor meiner Nase und sagte, der Spieler sei ein Genie und »trotzdem« zwanzig Jahre jung. In der Halbzeit, als der Spielstand fast ausgeglichen war, kam Sharon Shannon mit ihrem Akkordeon auf das Feld, um die Spannung mit einer Polka weiter anzuheizen. In der zweiten Halbzeit wurden die Zuschauer noch lauter, und als Galway ein Tor erzielte, standen alle im Stadion auf und brüllten und winkten wie verrückt. Männer trommelten mit den Füßen auf die Sitze. Der Mann neben mir küsste sein Programmheft. Ein Vater hielt seinen zwei Jahre alten Sohn hoch. Irgend jemand versuchte, »The West Awake« zu singen, doch seine Stimme ging im Gedröhne unter. Galway spielte mit großer Leidenschaft, aber am Ende hatte Cork die Nase vorn. Als der Schlusspfiff ertönte, ließen die Spieler ihre Schläger fallen, warfen die Gitterhelme in die Luft und fielen einander in die Arme. Menschen rannten auf das Spielfeld, um die Sieger anzufassen, sich Autogramme auf den Rücken schreiben zu lassen und die Spieler auf den Schultern zum Siegerpodest zu tragen.

Nach einer Reihe kurzer Ansagen erschien ein Priester, um den Pokal zu überreichen und einige gleichermaßen herzliche Worte an Sieger und Verlierer zu richten. Der Kapitän von Cork, Seán Óg Ó hAilpín, reckte den Pokal für die jubelnde Menge hoch und hielt, immer noch außer Atem, eine Rede in fließendem Gälisch. Die Frau, die mich als Hochstapler entlarvt hatte, sagte, obwohl er aus Cork sei, sehe er richtig gut aus. Damit hatte sie wohl recht, denn auf dem großen Bildschirm über den Zuschauern

sah ich, dass der Kapitän eine drei Zentimeter lange Duell-
narbe oben auf der linken Wange hatte.

Draußen vor dem Stadion strömten die Menschen
lachend und schwatzend an den Vorderfenstern der Häuser vorbei, und ihre Stimmen hallten bis in die Zimmer.
Die Mädchen von den Philippinen wollten wissen, wer
das Spiel gewonnen hatte. Die Pubs waren schon überfüllt,
und die Leute sagten die Zahl der Pints voraus, die sie
trinken würden. Ich hörte einen Mann sagen, er werde ein
gewaltiges Steak killen. Ein anderer meinte, er werde ein
»gottverdammtes« Sushi killen, alles, was essbar sei, sogar die Brust, die ihn ernähre. Leute trafen sich an Stra-
ßenecken, vor Bestattungsunternehmen, beim Take-away
»Lady Luck«. Leute teilten per Handy mit, wo sie gerade
waren, und überall gab es Zufallsbegegnungen von ehema-
ligen Schülern und Geliebten, Verwandten und Freunden,
die einander seit Jahren nicht gesehen hatten und nun in
den Straßen Dublins übereinander stolperten.

Ich ging an Fay's Dancing Shoes und der Zahnklinik
vorbei in die Innenstadt. Auf einem Hausdach saßen Tau-
ben, aufgereiht wie stumme, betrübte Hurling-Fans, und
warteten auf die Reste, die man ihnen übriglieβ. Als ich
in die Gardener Street einbog und an der Kirche Saint
Francis Xavier vorbeiging, wo noch alljährlich die Novene
abgehalten wird, wurde mir bewusst, dass ich an diesem
Tag nur einen Priester gesehen hatte, und zwar den, der in
Croke Park den Pokal überreicht hatte. Nonnen hatte ich
überhaupt nicht zu Gesicht bekommen. All die Priester,
die man vor fünfzig Jahren auf jeder Straße hatte sehen
können und die jeden unterschiedslos mit »mein Kind«
angeredet hatten, waren wie vom Erdboden verschluckt.
Auch die treue Herde der Gläubigen, die beim Klang der

Angelus-Glocken auf der Straße spontan auf die Knie gefallen war, gab es nicht mehr. Wenn man noch Leute in schwarzen Anzügen sah, waren es die Türsteher vor den Dubliner Pubs. Die einzigen moralischen Instanzen, denen man noch vertrauen konnte, waren die Zeitungskolumnisten und Rockstars. Der Beichtstuhl war durch Radiosendungen ersetzt worden, bei denen man anrufen konnte. Das Land redete sich die Zukunft golden und hakte die Vergangenheit ab. Ich ging durch die letzte Enklave des irischen Katholizismus, vorbei am Marian Bed and Breakfast und am Fatima Bed and Breakfast, vorbei an den Läden für liturgische Geräte wie etwa den vielarmigen Kerzenhaltern aus Messing. Ich ging in eine Stadt hinein, die zur säkularen Welt bekehrt worden war.

2

Die Stadt der ewigen Jugend

Auf den Bürgersteigen Dublins herrschte dichtes Gedränge. Alle waren auf dem Weg zum Kino, in Bars und Restaurants, und man redete und lachte, umarmte einander und simste. In Dublin ist der Sonntagabend wie eine Theatervorstellung, ein großes Ereignis, so als müsste man das Leben noch ein letztes Mal so richtig auskosten, weil am nächsten Tag die Welt untergeht. Es scheint, als müssten die Iren an einem einzigen Abend noch einmal alle Freunde treffen und eine riesige Party feiern, bevor sie am nächsten Tag wieder den Faden des Alltags aufnehmen. In Europa ist Freundschaft eher wie ein Gärtchen oder wie eine gutgepflegte Balkonbepflanzung. Die Europäer geben sich große Mühe, eine Illusion von Raum und Privatheit zu schaffen, die Iren dagegen bemühen sich um eine Illusion von Intimität und Gemeinschaft. Ein Sonntagabend in Dublin gleicht einer tollen, neuen Freundschaft.

Privatsphäre wird hier nicht besonders hoch gehandelt, jedenfalls noch nicht. Allzu große Höflichkeit wird oft als Beleidigung betrachtet. Die Formalität von »Sie« und »Du« ist hier unvorstellbar. Die in Europa übliche Unterscheidung zwischen Kellnerin und Gast wird oft durch eine persönliche Anrede, manchmal sogar durch eine mütterliche Hand auf der Schulter aufgehoben. Manchmal hat die Vertraulichkeit hier fast etwas Chronisches. Auf der Straße schauen einem die Menschen mit unverhohlener Neugier direkt in die Augen. In den Bars wird man mit freundlicher Aufdringlichkeit angesprochen. Angeblich scheuen die Iren vor körperlichen Berührungen zurück, aber mit Worten berühren sie einander, soviel steht fest. Sie schwelgen in unzähligen Versprechen. Sie loben alles in den Himmel und bedanken sich eine Million Mal. Komplimente setzen sie ein wie bewusstseinsverändernde Drogen. Alles ist super, phantastisch, cool, einfach klasse und absolut irre. Diese Eigenarten werden von den jungen Einwanderern aus Polen und anderen Ländern Europas inzwischen fröhlich nachgeahmt. Sie sagen, sie seien irischer als die Iren. Der Kellnerin erklärt man, dass das Essen himmlisch war. Den Taxifahrer feiert man wie einen Erlöser und stimmt ihm zu, wenn er sagt, der Verkehr sei eine Schande, ekelhaft, richtig ätzend. Selbst Dinge, die man eigentlich für selbstverständlich halten sollte, etwa der öffentliche Nahverkehr, sind plötzlich unglaublich und erstaunlich. Vielleicht ist Dublin genau deshalb eine so junge Stadt geblieben, die sich mit Verve der Kultur der ewigen Jugend und dem hingibt, was man *the craic* nennt.

Man hat die Straßen der Jugend überlassen. Wenn man nach einer kurzen Abwesenheit in diese Stadt zurückkehrt, erkennt man sie nicht mehr wieder. Keine andere Stadt in Europa scheint entschlossener gewesen zu sein, ihr Erscheinungsbild zu verändern. Dublin ist kosmopolitischer geworden, weniger isoliert, weltoffener. Es hat seine eigene Schwulenszene und sein eigenes Chinatown. In der Parnell Street gibt es die Polish Bar. Selbst Stringfellow's Lap-Dancing Club hat hier einen Laden eröffnet, der allerdings bald schließen musste, weil jeden Abend Katholiken mit Plakaten dagegen protestierten. In Conway's Bar, gegenüber vom Rotunda Maternity Hospital, feiern die Männer ihre frischgeborenen Babys immer noch mit großen, cremigen Pints. Stolze Väter, zweifelnde Väter, erleichterte Väter. Väter, die eigentlich selbst noch an der Brust nuckelnde Riesenbabys sind und auf den Barhockern sitzen wie auf Babystühlen. Inzwischen sind Immigrantenväter aus aller Herren Länder darunter, deren Kinder dafür sorgen, dass diesem Land die ewige Jugend erhalten bleibt. Rund zehn Prozent der Bevölkerung Irlands stammt aus dem Ausland. Das einzige Problem besteht darin, dass manche der hier zur Welt gekommenen Babys keine irischen Staatsbürger mehr sein werden, da die Iren kürzlich für die Abschaffung des alten Geburtsrechts gestimmt haben, das die Kinder von Fremden automatisch einbürgert.

An diesem Abend floss der Alkohol in gewaltigen Strömen. Dublin hat einen übermäßig hohen Anteil seiner Ressourcen in die Pub-Kultur gesteckt. Im »Oliver St. John Gogarty Pub« im Temple-Bar-Bezirk gehen angeblich die meisten Pints auf der ganzen Welt pro Quadratzentimeter über den Tresen, und das Tag und Nacht. Die irischen Sauf-Klischees sind alles andere als tot, und ich weiß nicht mehr, wie oft man mir auf dem europäischen Kontinent wegen meines geringen Alkoholgenusses gesagt hat, dass ich nicht besonders irisch sei.

In der O'Connell Street rief ein junger Mann seinen Freunden beim Betreten des Pubs zu, es sei eine Win-Win-Situation. In einer Nebenstraße hallte ein Pfiff, und ich hörte, wie ein junges Mädchen vom anderen Ende her aus voller Brust rief: »Ich kann nicht, ich habe keinen Perso.« Zwei mit Chips und Cola abgefüllte Kinder folgten mit ein paar Schritten Abstand ihrem Vater nach Hause. Ein Mann blieb neben seinem Hund stehen, um zu sehen, was diesen aufhielt, und sagte zu ihm: »Komm schon, Rusty, wir haben nicht die ganze Nacht Zeit.« Und mitten in diesem Dubliner Karneval des Rausches sah ich die Opfer der irischen Freundschaft. Ein Obdachloser hatte sein Bett aus Pappe im Eingang eines Schuhgeschäfts liegen lassen. Ein abgemagerter, aidskranker Mann saß auf dem Bürgersteig, einen Schlafsack um die Schultern und in der Hand einen Becher von Starbucks, mit dem er um Geld bettelte. Alles, was er sah, waren die Schuhe der Passanten, und er hob den trüben Blick nur beim Klimpern einer Münze. Das erinnerte mich an die berühmte Songzeile, die Damien Dempsey den Benachteiligten der Gesellschaft in den Mund legt: »Von den Geistern der Tuberkulose / bis zu den Geistern der Überdosis.«

In Molloy's Pub spielten zwei Männer Gitarre und sangen Balladen, und die Stimmung war bestens. In der Stadt hatte man die Auswahl zwischen vielen angesagten Bars und schicken Kneipen, aber dieser kleine Pub in der Innenstadt schien viel attraktiver zu sein, weil er von den Einheimischen besucht wurde. Als ich eintrat, nickten mir die Männer zu, und ich erwiderte das Nicken automatisch. In Irland signalisiert man mit einer schlichten Kopfbewegung Vertrautheit. Angeblich schürzen die Menschen in der Bruthitze Guatemalas zum Gruß lakonisch die Unterlippe, aber hier in Dublin schwenken alle den Kopf. Ich schwenkte den Kopf in Richtung Wirt, und er begriff offenbar sofort, was ich wollte.

Die Männer und Frauen in Molloy's Bar kannten alle Lieder auswendig, die gespielt wurden. Sie sangen bei »The Fields of Athenry« und »Willie MacBride« mit. Im Fernsehen lief »Der Pate, Teil 2«, aber man hatte den Ton abgestellt, und kaum jemand sah hin. Die Leute waren viel zu sehr damit beschäftigt, zu reden und alle paar Minuten vor die Tür zu gehen, um eine Zigarette zu rauchen. Man hat den irischen Pub gleichsam umgestülpt, und jedesmal, wenn die Tür aufgeht, wölkt ein Rauchschwall herein und nicht hinaus wie früher. Mir kam es so vor, als spielte sich alles Wichtige draußen vor den Bars und Restaurants ab, seit man die Raucher mit dem Rauchverbot wie Schlangen aus den öffentlichen Räumen verbannt hatte. Heinrich Böll vermutete vor fünfzig Jahren in einem kleinen Kino auf Achill, dass in Irland eine Revolution ausbrechen würde, wenn man das Rauchen in öffentlichen Räumen verböte. Vielleicht klingt es wie ein Widerspruch in sich selbst, aber die Iren akzeptieren allmählich, dass Regeln sinnvoll sind. Inzwischen sind sie gehorsam geworden. Sie haben keine Lust, ständig zu meckern. Und es wird nicht lange dauern, bis die Deutschen genauso gehorsam sind wie die Iren und die Tatsache akzeptieren, dass der Umweltschutz bei der eigenen Lunge und jener des Wirtes der Stammkneipe anfängt. Die Raucher hier haben das Beste daraus gemacht, indem sie sich draußen versammeln und qualmen und reden, als wäre die Türschwelle ein Lonely Hearts Club. So wird die Stadt erst recht zu einer einzigen Party.

Hinten an der Bar stand ein Mann mit einem Schopf schlohweißen Haars, das aussah wie perfekt gebackenes Baiser. Ein anderer Mann trug einen Pullover, der an eine in vier bunte Felder geteilte Battenberg-Torte erinnerte. Er sah zum Fernseher hoch und formte mit den Lippen lautlos einen Liedtext. Während Al Pacino, den Kopf auf die Hände gestützt, überlegte, wen er als nächstes umlegen sollte, sprachen die Männer an der Bar stumm die Worte »… only our rivers run free« nach. In Irland war der Krieg vorbei, aber die Lieder sang man immer noch. Die Zeitungen waren voll von guten Nachrichten und der Entwaffnung der IRA. Inzwischen war offiziell, dass die IRA der Waffengewalt abgeschworen hatte – in der Geschichte dieses Landes eine einmalige Sache. Der Friedensprozess hatte sich stabilisiert, aber vielleicht taugten die alten Rebellenlieder noch für den einen oder anderen Sonntagabend. Manchmal hatte man den Eindruck, als fände an der Bar ein stummer Karaoke-Wettbewerb statt, bei dem alle das Wort Freiheit mit den Lippen formten.

Irgendwo im Pub hörte ich ein herzhaftes Lachen, ein heiseres Kichern, das offenbar zu einer alten Frau gehörte. Als ich es noch einmal hörte, korrigierte ich mich nach unten und schätzte die Frau auf Anfang Fünfzig, vielleicht auch auf Anfang Vierzig, immer vorausgesetzt, sie hätte seit ihrem neunten Lebensjahr geraucht. Dann stellte ich fest, dass es sich um eine junge, ungefähr zwanzig Jahre alte Frau handelte, die in Jeans und einem kurzen, den Bauch freilassenden T-Shirt auf einem Barhocker saß. Eine Frau neben mir sagte, das Mädchen lache wie eine »alte Oma« und zeige der ganzen Welt »ihre Arschritze«. Vielleicht war sie ja eine alte Frau, die ewige Jugend erlangt hatte und trotz ihres rauchigen, greisenhaften Lachens jeden Sonntagabend als zwanzig Jahre junges Mädchen in Molloy's Bar erschien.

Die Männer sprachen über Fußball und Verbrechen in Dublin. Sie diskutierten über die Drogenfehden der Ganglands, die die Stadt in den Schauplatz von »Der Pate« zu verwandeln schienen, nur dass es Wirklichkeit war. Im Vergleich mit den irischen Drogenbaronen seien die Mafiosi die reinsten Stümper, sagten sie. Al Pacino solle mal ein Wochenende in Dublin verbringen, damit er kapiere, wie »Gewalt in der Freizeit« wirklich aussehe. Die Ironie war, dass die von der IRA abgegebenen Waffen jetzt das Land überschwemmten. Angeblich hatte die IRA sechzig Handfeuerwaffen als Andenken behalten. Manche glaubten, dass bestimmten Waffen der Name toter Opfer anhaftete. Man spekulierte darüber, wie die Waffen entsorgt wurden, und fragte sich, welche Gewissheit es dafür gab. Manche behaupteten, dass der Großteil der Semtex-Sprengstoffe längst unbrauchbar gewesen und wahrscheinlich im Meer versenkt worden sei, irgendwo dort draußen vor der Küste von Sligo, wo man den einstigen indischen Vizekönig, Lord Mountbatten, in seinem Boot ermordet hatte. Andere meinten, man habe die Waffen in Bunkern deponiert und überwache sie per Satellit. Die meisten waren der Meinung, man hätte sie einbetoniert und Gras darüber wachsen lassen. Angeblich war die IRA sehr gastfreundlich gewesen und hatte die Zeugen der Entwaffnung, die man allerdings mit verbundenen Augen zu den Waffenverstecken geführt hatte, mit reichlich Tee und Schinkensandwichs bewirtet. Die Entwaffnung sei natürlich nur symbolischer Natur, denn heutzutage könne man überall eine Waffe bekommen. Dublin wimmele davon. Einfach die Bestellung aufgeben, sagten sie, und vor Ladenschluss habe man seine halbautomatische Waffe.

Das Auf und Ab der Revolutionen hatte durchaus etwas Amüsantes. Selbst die Historiker hatten ihre Bewertung des Osteraufstands von 1916 immer wieder geändert. Die alten Platanen, Zeugen der Erhebung im General Post Office, hatte man gefällt, um Dublins Hauptstraße ein kommerzielleres Flair zu geben. Vor fünfzig Jahren wurde in Leserbriefen an die Zeitungen gefordert, die Statue des britischen Admirals Nelson durch eine Muttergottesstatue zu ersetzen oder einfach zu sprengen, um sie sich ein für allemal vom Hals zu schaffen, was 1966, anlässlich des fünfzigsten Jahrestags des Aufstands, dann auch geschah. Inzwischen hat man die Säule durch einen stählernen Spitzturm ersetzt, eine große, glitzernde Nadel, die in den rötlichen Himmel ragt und so hoch ist, dass sich nicht einmal Möwen darauf niederlassen können, um von oben die Straßen zu beobachten. Sie heißt Millennium Monument, aber eigentlich weiß keiner, wessen sie gedenken soll. Einige der Männer im Molloy's meinten, sie stelle eine riesige Spritze dar und sei ein Denkmal für die vielen Junkies in Dublin. In der Stadt gibt es eine Vielzahl ähnlicher neuer Denkmäler. Im Vorort Ballybrack, am Stadtrand und nicht weit entfernt von den Villen der Reichen mit ihren hohen Wacholderhecken und elektronischen Toren, hat die Stadt kürzlich einen Obelisken errichten lassen. Er sieht aus wie eines der Mahnmale für den Ersten Weltkrieg, hat aber keine echte Funktion und gedenkt weder der Freiheit Irlands noch der Toten oder Lebenden. Er ist ein Denkmal für das Nichts. Die Iren, früher so empfindlich, was ihre Geschichte betraf, haben inzwischen begonnen, das große, heldenhafte Nichts zu verehren.

Im Fernsehen »kümmerte« sich Al Pacino gerade um seinen Schwager, der seine Schwester misshandelt hatte, was hieß, dass dieser kreuz und quer über die Straße getreten wurde, wobei die Mülltonnen in alle Richtungen flogen, bis er schließlich im Wasserstrahl eines Feuerhydranten in der Gosse lag. Die Männer in Molloy's Pub sahen mit unbewegter Miene zu, sangen alle zusammen einen alten Song von Simon and Garfunkel mit und stießen auf die »whores on 7th Avenue« an, als hätten sie jede einzelne davon persönlich gekannt. Im Film wurde Al Pacino von seiner Schwester gefragt, was mit ihrem Mann passiert und wo er geblieben sei. Al Pacino leugnet alles, ein großer Moment in der Kinogeschichte. Doch die Gäste in Molloy's Pub hatten kein Interesse mehr daran, weil die Band »Dublin in the Rare Old Times« spielte, die Hymne eines verschwindenden Volkes. Die Frau mit dem Bauch eines jungen Mädchens und dem Lachen einer Greisin stand auf und führte drei älteren Männern spontan ein bisschen Lap-Dancing vor. Die Männer verschanzten sich verlegen lächelnd hinter einem Wall von Pints. Jedesmal, wenn das Mädchen die Hüften schwenkte, lachte sie laut und heiser, und dabei glänzten ihre geschminkten Lippen. Ihr Bauch schwappte auf und ab wie ein halbvolles Glas Bier, ihr Nabel zwinkerte den Männern zu, und sie schien fest entschlossen zu sein, an den guten alten Zeiten Dublins festzuhalten und die Stadt zugleich in eine der ewigen Jugend zu verwandeln. Weiße Fettwülste und Dolch-Tattoos. Sollte das erotisch sein, all diese Flüssigkeiten und Fish-and-Chips-Reste, die in ihrem Magen schwappten? Falls ja, so ging das an mir vorbei. Beim Zuschauen wurde ich fast ein wenig seekrank. Sobald ich mich abwandte und ging, klang sie plötzlich wieder wie eine Siebzigjährige. Und als ich zur Tür kam, klang sie wie über neunzig.

3

Mayo – God help us

Der Zug nach Westport rollte durch die öden Vororte Dublins, deren Häuser der Bahnlinie den Rücken zukehrten. Offenbar war es diesen Häusern ziemlich egal, wie sie von hinten aussahen. Sie schienen ihre Rückseite nie im Spiegel gesehen zu haben, ganz wie eine Frau, die vor dem Verlassen des Hauses zwar Make-up aufgelegt, aber vergessen hat, sich den Hinterkopf zu kämmen. Manche Gärten waren verwildert und voller Müll. Am Bahndamm lagen ein alter Kühlschrank und eine rostige Mikrowelle. Ab und zu gab es Verschönerungsversuche mit Blumen und Plastikstühlen, aber der Wind hatte alles umgeweht. Und wer setzte sich schon dorthin, um neidisch den Zug nach Mayo zu beobachten, der in die grünen Felder entfloh, wenn es sowieso gleich wieder regnete?

Der Wagen war bis auf den letzten Platz von Schülern besetzt, die zur Zeugnisfeier nach Hause fuhren. Als ein Mädchen aufstand, um auf die Toilette zu gehen, ließ sich ein Mann vorübergehend auf ihrem Platz nieder, damit ihr dieser nicht weggenommen wurde. Der daneben sitzende Schüler sagte, es sei eine Frechheit, dass man den Leuten den vollen Fahrpreis für einen Stehplatz abknöpfe. Aus Neugier fragte er, ob es im Zug ein Abteil erster Klasse gebe, aber der Schaffner schüttelte den Kopf.

»Da gibt es sowieso keinen Unterschied«, erklärte ihm der Schaffner.

»Aber der Service ist besser, oder?« fragte der Schüler.

»Nein. Ist alles gleich.«

»Und die Sitzschoner?«

»Guter Witz«, sagte der Schaffner lächelnd und fügte hinzu, dass die erste Klasse seiner Meinung nach ein überschätztes Konzept sei. Es entspreche nicht dem Prinzip der Gleichheit und sei reine Augenwischerei. Er bot dem Schüler für einen Aufschlag von neun Euro sogar eine Fahrkarte erster Klasse für seinen Sitz in der zweiten Klasse an, zu der dieser Wagen gehörte.

»Sie müssten nicht einmal umziehen.«

Der Schüler fragte, ob man für das Stehen eine Ermäßigung bekomme, aber der Schaffner war schon weitergegangen. Jedesmal, wenn der Zug an einer Station hielt, ertönte seine Stimme. Die Lautsprecher knisterten wie Gewehrfeuer, und der Schaffner machte immer die gleiche Ansage und bat die Fahrgäste hinten im Zug, sich zum Aussteigen nach vorn zu begeben. Bald würden auf dieser Strecke superschnelle Züge verkehren, vielleicht sogar der deutsche Transrapid, aber bis jetzt war der öffentliche Personenverkehr Irlands eines der wenigen Dinge, die sich seit fünfzig Jahren nicht verändert hatten. In vieler Hinsicht ahmt Irland immer noch Großbritannien nach. Warum auch nicht? Die Iren sind den Engländern ähnlicher, als sie sich eingestehen mögen, und das liegt vielleicht daran, dass sie soviel Zeit und Mühe darauf verwendet haben, das genaue Gegenteil zu sein. Manche behaupten, dass immer noch ein Rest postkolonialen Gehorsams in den Iren stecke, was sich besonders daran zeige, dass sie die lausigen Konzepte für den öffentlichen Nahverkehr von der Nachbarinsel übernehmen und diese dann mit ihren eigenen exzentrischen Beigaben aufpeppen, damit die Sache auch ja richtig irisch ist. 1910 dauerte es mit dem Zug angeblich nur fünf Stunden vom Dubliner Vorort Foxrock bis nach Mulranney in Mayo. 1954 dauerte die Fahrt etwa genauso lange. Heute braucht man kaum weniger Zeit, als gäbe es in Mayo etwas, das für immer und ewig vier oder fünf Stunden entfernt bleibt, ganz egal, wie man sich dorthin begibt. Und kommt man endlich an, dann stellt sich wie von selbst das Gefühl der Abgelegenheit ein, weil man vier bis fünf Stunden von Dublin entfernt ist. Als wir Westport erreichten, hatte sich die Zahl der Fahrgäste gelichtet. Der Schaffner ermahnte uns, nichts im Zug zu vergessen, und als er uns verabschiedete, fügte er augenzwinkernd hinzu, die Ortszeit in Westport sei jetzt 17:35.

Ich suchte mir ein Zimmer in einem lila gestrichenen Bed and Breakfast, vor dessen Fenstern Blumenkästen mit lila Blumen hingen. Auch drinnen war alles lila, von der Bettwäsche über die Handtücher bis zu den Lampenschirmen. Die Frau des Hauses stellte sich mir als Bridget vor und gab mir zuerst die Hand und dann den Schlüssel. Sie erzählte mir, dass heute abend in der Stadt die Hölle los sei, weil die Schüler feierten. Aber wer, sagte sie, wolle ihnen einen Vorwurf daraus machen, denn heutzutage stünden die jungen Menschen ja von Kind an unter hohem Druck. Die Schüler in Westport hatten in diesem Jahr gut abgeschnitten, vor allem die Mädchen. Im Radio wurde über die hohe Durchfallquote in Mathematik diskutiert. Aber wer hatte an einem Abend wie diesem schon Verwendung für Mathematik? Dies war ein Abend auf Kredit. Das ganze Land lebte auf Kredit, und europaweit gesehen, waren seine Bürger am zweithöchsten verschuldet, aber daran dachte niemand, denn dies war der Abend der Abschlusszeugnisse, und wie sich das anfühlte, wusste jeder. Es glich dem Nachbeben einer Zeitenwende oder eines

Krieges. Bridget erzählte mir, sie könne sich noch gut an diesen ersten Geschmack der Freiheit nach dem Ende der Schulzeit erinnern. Sie habe immer noch Alpträume von der Vergabe der Abschlusszeugnisse, obwohl sie nun fast sechzig sei. Sie wisse noch, wie sie alle morgens vor dem Examen die Messe besuchen mussten. Mindestens alle sechs Wochen schrecke sie voller Panik aus dem Schlaf, weil sie von ihrem Mathe-Examen geträumt habe.

»Ich habe nie in ein Buch geschaut«, sagte sie. »Ich habe keine Ahnung von Mathe, und jetzt ist es zu spät. Diese Alpträume habe ich immer bei schönem Wetter, was wohl an der Jahreszeit liegt, in der das Examen stattgefunden hat. Dem Himmel sei Dank für den Taschenrechner.«

Westport war bislang vom extremen Konsum verschont geblieben. Vielleicht gab es hier keine Mathe-Asse, weil die Stadt noch keine Supereinkaufszentren besaß. Sie hatte sich den Charakter eines kleinen, geschäftigen Marktfleckens bewahrt. Wenn die Leute bei Lidl einkaufen wollten, konnten sie jederzeit nach Castlebar fahren. Ich hatte die Kadaver von Walmart-Orten in Ontario gesehen und wusste daher, dass vielen irischen Städten das gleiche Schicksal drohte. Ob die Bewohner von Mayo eines Tages auch nur noch den Preis, nicht aber den Wert der Dinge kennen würden? »You left my heart a vacant lot«, hörte ich John Prine in einem der Läden singen, als könnte er meine Gedanken lesen. Hier in Westport stimmten noch die Maßstäbe, die kleinen Pubs waren rot oder beige gestrichen, und auf den Fenstern stand »Heute abend Musik«. Manche Läden hatten Waren wie Mäntel, Taschen, sogar Wellington-Stiefel vor die Tür gehängt. In einem Schaufenster warb man für Schmiedekurse in North Mayo, für Anfänger und Fortgeschrittene. Auf einer anderen Anzeige suchte man Stukkateure für den Raum Castlerea. Die Stadt zog sich den Hang hinauf, und die Häuser standen nebeneinander wie Bücher in einem Regal. Ein Lkw mit Seetang fuhr durch die Hauptstraße, eine große, tropfende Mähne brauner Locken auf Rädern. Der erste Torfrauch lag wie ein Aroma von Brühwürfeln in der Luft.

Es hatte angefangen zu regnen. Die vor den Läden hängende wasserdichte Kleidung wurde einem Test unterzogen. Doch der Regen konnte das Gefühl der Freiheit nicht trüben, das die Stadt erfasst hatte. Westport hatte sich in ein Wasserkunststück verwandelt. Aus einer kaputten Rinne strömte Wasser auf den Bürgersteig. Der Niederschlag, der sich vor den Gullys staute, hatte Fischgrätenmuster, aber die Schüler ließen sich davon nicht stören. Die Mädchen tanzten im Wolkenbruch draußen vor den Pubs, als könnten sie nicht nass werden. Im Licht der Straßenlaternen glänzten ihre Tattoos. Man tanzte in ganz Mayo, in ganz Irland. Mädchen mit nackten Schultern und nackten Hüften drängten sich unter einem Regenschirm vor einem Geldautomaten zusammen. Keiner sprach über den Regen, es ging nur um die Zensuren, die Zukunftsaussichten, die Reisepläne und die Chancen auf eine weiterführende Ausbildung. Obwohl sie die Schule nicht schnell genug hinter sich lassen konnten, wussten sie, dass Bildung das große Geheimnis des irischen Erfolgs und Wohlstands war.

Als ich später am Abend in meine lila Pension zurückkehrte, parkte draußen ein Sattelzug ohne Anhänger. In den Fernsehnachrichten, die ich in meinem Zimmer sah, wurden Schüler aus dem ganzen Land gezeigt, die ihre Zeugnisse schwenkten, eine neue Generation freier Menschen. Es war wie ein Massenausbruch, und alle wollten

so richtig einen draufmachen. In Dublin hatte ein Nacht-
club eine tropische Disco organisiert, mit Sand auf dem
Fußboden und Palmen, die aus Tischen wuchsen. Jungs in
Bermuda-Shorts und Mädchen mit Bikini-Oberteilen
tanzten unter karibischem Stroboskoplicht. Wie groß-
artig, das Ende der Schulzeit im Paradies zu feiern. Ich lag
unter der lila Decke in meinem Bett und lauschte dem auf
das Vordach prasselnden Regen und irgendeinem kleinen
Topf vor dem Fenster, der sich anhörte wie eine Glocke.
Hinter dem lila Bed and Breakfast zog sich ein Feld den
Hang hinauf, und ich hatte das Gefühl, als ginge mein
Zimmer unter. An der Decke hing ein weißer, durchsich-
tiger Lampenschirm in Form eines Kraken. An der Bade-
zimmerwand gab es eine rosa Leuchte mit sanft gezahntem
Rand. Der Duschteppich hatte lila Tentakel, und die Algen-
vorhänge schwankten sanft in der Strömung. Meine nas-
sen Kleider hatte ich über einen türkisfarbenen, an eine
Riesenmuschel erinnernden Lehnsessel gehängt, der aussah, als wollte er sich über Nacht schließen. Hinten an der
Tür hing ein mannshoher Spiegel mit einem Heiligen-
schein aus grünen Sternen. Ich fragte mich, wo der Fernfahrer schlief, und stellte mir vor, wie er sich im Spiegel
betrachtete, auf dem Meeresgrund stehend, mit der Täto-
wierung eines Ankers auf dem Arm, sein Kopf umwirbelt
von Plankton und wogenden Schwärmen von Seeläusen.
Ich dachte an seinen Sattelzug, der draußen Schiffbruch
erlitten hatte. Nebenan hörte ich sein Tiefseeschnarchen
und schlief bald selbst ein. Es war der lange, euphorische
Schlummer nach einer Zeugnisvergabe, und er ließ mich
alles vergessen, was ich je gelernt hatte: Mathematik, Geschichte und Geographie. Alles stieg als Luftblasen zur
Oberfläche auf.

Am nächsten Morgen war der Fernfahrer schon weg. Bridget hatte lila Servietten auf den Tisch gelegt und erzählte, dass jemand nachts ihre lila Blumen gestohlen habe. Sie konnte gar nicht mehr zählen, wie oft sie ihr schon gestohlen worden waren. Da es der Polizei zum Hals heraushing, immer wieder von entwendeten Blumenkästen zu hören, hatte sie jetzt Überwachungskameras für ihre Hausfront bestellt. Ihr blieb nichts anderes übrig. Sie beschuldigte die Schüler und nannte sie Straftäter. Sie hatte selbst drei Kinder, die längst ihren Schulabschluss gemacht hatten, und alle hatten es im Leben zu etwas gebracht, wohnten nicht weit entfernt in Mayo und waren ganz anders als manche der heutigen jungen Leute. In Kiltimagh wurden sogar die Statuen aus der Kirche geklaut, das hatte sie erst gestern in der Connaught Tribune gelesen. Diese jungen Menschen waren alle auf Drogen. Heutzutage könne man in Castlebar keinen Schritt mehr auf der Straße tun, ohne dass man Drogen angeboten bekomme, erzählte sie mir.

Bridget fragte, wohin ich wolle. Sie stand in der Küchentür, in der Hand die leere Teekanne des Fernfahrers. Auf dem Kaminsims stand ihr Hochzeitsfoto. Mein Ziel war Achill Island. Ich erzählte ihr, dass ich vorher vielleicht noch den Croagh Patrick besteigen wolle, und fragte sie, wie lange man bis zum Gipfel brauche.

»Croagh Patrick«, sagte sie.

Sie musterte mich von oben bis unten wie einen Blumendieb. In ihrem Blick lag eine weise, mütterliche Skepsis, als wäre es ihre Pflicht, mich vor einem dummen, halsbrecherischen Vorhaben zu warnen.

»Das schaffen Sie nie«, sagte sie. »Sie sind nicht der Typ.«

Sie hatte recht: Ich war nicht der Typ. Jedenfalls nicht

mehr. Die Besteigung des Croagh Patrick war ein viel zu gewagtes Unternehmen, und es war besser, wenn ich auf Straßenhöhe blieb, auf Reifenhöhe. Die Zeitungen waren voll von glücklichen Schülern. Die erste Seite der Irish Times zeigte ein Foto von Kunle Elukando, der seine Examensergebnisse hochhielt. Er war ein Nigerianer, den man aus der Schule geholt und abgeschoben hatte. Doch als seine Mitschüler mit Plakaten vor dem Dáil Éireann demonstrierten, musste der Justizminister einlenken. Kunle durfte nach Irland zurückkehren und sein Examen machen.

Im Supermarkt am größten Platz der Stadt erzählte das Mädchen an der Kasse allen Leuten, dass sie fast jedes Fach mit Auszeichnung bestanden habe. Die Kunden, die mit ihren Einkäufen an ihr vorbeigingen, erwiderten, dass sie sehr intelligent sei und eine große Zukunft vor sich habe. Sie erzählte ihnen, dass sie Hotelmanagement studieren wolle, und alle stimmten ihr zu und meinten, sie habe genau das richtige Lächeln dafür. Aber was mit ihrem Auge passiert sei. Alle wollten wissen, woher sie das blaue Auge hatte. Sie hatte versucht, es mit Make-up zu übertünchen, aber es schimmerte durch. Man fragte sie mehr, als sie erzählen mochte, und sie erzählte mehr, als man hören wollte. Sie war natürlich zum Feiern in die Disco gegangen. Sie sprach das Wort eher wie »dish-go« aus und versicherte uns, dass sie keinen Alkohol getrunken habe, keinen einzigen Tropfen, nur Mineralwasser. Ein paar andere Schüler seien allerdings etwas wild geworden. Es hatte ein Handgemenge gegeben, und eine Faust, die ihr eigentliches Ziel verfehlt hatte, war aus dem Nichts auf sie zugesaust. Sie hatte nur noch Sterne gesehen.

4

Die reizendsten Menschen der Welt

Wenn man in Irland Auto fährt, kommt man regelmäßig an Schildern vorbei, auf denen *food* steht. Das erweckt den Eindruck, als wäre das Essen hierzulande immer noch eine sehr grundlegende Sache, und fast könnte man meinen, dass irgendwelche Wohltäter am Straßenrand Nahrungsmittel bereitgelegt hätten. Fährt man weiter, dann stößt man bald auf ein Schild oder eine Neonreklame mit den Worten *food served* oder *bar food* oder sogar *food all day*. Es dauert nicht lange, bis man ein Schild mit der Aufschrift *hot food* erblickt. Und wiederum bald darauf ein Schild, das *hot and cold food* anpreist. Klasse, wird der müde Autofahrer denken, wenn er von der Straße abbiegt, endlich kaltes Essen. Und dann gibt es noch *great food* und *hassle-free dining*: ungestörtes Speisen.

In North Mayo gibt es keine Schilder für Essen. Man fährt durch grüne, von Laub beschirmte Tunnel. Hinter den Bäumen blitzt silbern das Licht der Sonne wie das einer Bogenlampe auf einem Filmset. Man fährt auf Alleen mit feuerroten Fuchsienbüschen und erreicht schließlich die weiten, offenen Moore von North Mayo, wo es nichts außer der Heide gibt, die sich überall ausbreitet wie ein riesiges, lila Bettlaken. Die einzigen Schilder, die man hier sieht, zeigen ein schwarzes Auto auf gelbem Grund, das von der Straße abkommt und ins Moor fährt. Sie sollen die Autofahrer vor dem Einschlafen warnen.

Die schmalen Straßen, die nach Rossport führten, wa-

38

ren matschig. Stellenweise waren sie schon für die Lkw und schweren Maschinen für Erdarbeiten verbreitert worden. Gewaltige Dosenöffner hatten ihre Spuren in der Landschaft hinterlassen, aber nun war die Arbeit so gut wie zum Stillstand gekommen, fast wie an einem Sonntag. Hier, in dieser entlegenen Küstenregion Mayos, wo am Meeresufer Schilder mit der Aufschrift »Cois Fharraige« stehen, war die Ölgesellschaft Shell in einen Konflikt mit den Einheimischen geraten. Fünf Männer aus Rossport waren bereits seit über fünfzig Tagen in Haft, weil sie sich weigerten, der Verlegung einer Gaspipeline über ihre Felder zuzustimmen. Die irische Regierung hatte Shell die Förderrechte für das Gasfeld von Corrib im Atlantik übertragen. Doch die Männer und ihre Familien fürchteten um ihre Sicherheit, weil das Gas unter hohem Druck direkt an ihren Häusern vorbei zur Raffinerie gepumpt werden sollte, die man im nahen Bellanaboy baute. Die Gesellschaft hatte eine gerichtliche Verfügung erwirkt, und der Richter am High Court hatte die Männer verhaften lassen, weil sie nicht aufhörten, die Bauarbeiten zu behindern. Am fünfzigsten Tag rutschten die Einheimischen auf den Knien zum Tor von Bellanaboy, um für die Häftlinge den Rosenkranz zu beten.

Auf den Feldern hatte man Plakate und Banner aufgespannt. Als ich den Hügel hinunterfuhr, sah ich Schilder in den Fenstern und auf rostigen Scheunendächern. »Gerechtigkeit für die Rossport 5«. Die Bucht kam in Sicht, ein stiller Ort mit einer Häuserzeile auf der Seite von Rossport und einer identischen Häuserzeile auf dem anderen Ufer in Pollatomish. Auf dieser Seite fielen die Felder bis zum Meer ab, und ich begriff, worin das Problem bestand. Man verlegte die Pipeline nicht einmal fünfzig Meter von den Häusern entfernt. Zwei Pfahlrammen standen auf einem verlassenen, eingezäunten Gelände. Außer zwei Polizisten in Uniform, die eine Thermoskanne mit Tee auf die Motorhaube ihres Streifenwagens gestellt hatten, und einer Schar von Umweltaktivisten, die mit ihren Kindern vor den Toren auf dem Boden saßen, war niemand in Sicht.

Für alle verging die Zeit sehr langsam. Die Demonstranten spielten mit den Kindern. Sie waren aus ganz Europa hierhergekommen, um ihre Solidarität mit der Erde zu bekunden, egal, wie lange die Sache dauerte. Sie schliefen in Zelten und Indianertipis, ein fröhlicher Stamm bärtiger, junger Männer und junger Frauen mit geflochtenem Haar, die der Welt des Kommerzes den Rücken gekehrt hatten und ihr ganzes Leben dem Schutz der Umwelt widmeten. Die Polizisten hatten sich der Wahrung des Friedens und dem Schutz des Privateigentums verschrieben. Wahrscheinlich hat Gott die Zeit nur für diese Krieger der Erde und Polizisten erschaffen, die gemeinsam hier draußen warteten, die Sonne genossen, in den Tag hineinträumten und auf die Bucht blickten, die sich zum Atlantik hin öffnete.

Die Frauen von Rossport besuchten an diesem Tag ihre Männer im Gefängnis von Cloverhill am Rand Dublins. Auf einem Feld dicht am Ufer arbeitete ein Mann mit einem Rasenmäher, ein seltsames Geräusch in dieser Bauerngegend. Am Tor hing ein Schild, das auf irisch verbot, das Land ohne Genehmigung zu betreten. Rossport ist ein Gaeltacht-Gebiet, in dem noch Irisch gesprochen wird, und ein Stück die Straße hinauf begegnete ich einem Mann mit Stock, der mich auf irisch ansprach. Sein Hund lief kurz weiter, kehrte aber um, als er merkte, dass sein Herrchen sich unterhielt, und legte sich auf den warmen Asphalt, mitten auf die Straße.

Der Mann bewunderte die Umweltaktivisten und zeigte mit dem Stock auf ihr Lager, das sie weiter unten auf einem der Felder aufgeschlagen hatten. Er sagte, sie hätten ein tolles Leben, und wenn er ein wenig jünger wäre, würde er sich ihnen anschließen. Sie hatten sich eine provisorische Dusche gebaut, die aus einer auf Stangen stehenden, alten Öltonne bestand. Sie stellten sich darunter, nackt wie am Tag ihrer Geburt, hier draußen und vor aller Augen. Sie stachen den Torf und erledigten allerlei Botengänge für die Familien, deren Männer in Haft waren. Die Erlaubnis zum Campen hatten sie von einer Deutschen bekommen, die auch gegen Shell protestiert hatte, aber das Gericht scheute davor zurück, sie ins Gefängnis zu stecken. Er gestand, dummerweise einen kleinen Obolus dafür angenommen zu haben, dass Shell die Pipeline über sein Land verlegte, allerdings bevor er gemerkt hatte, wie gefährlich die Sache in Wahrheit war.

»Wenn sie weiterbauen«, sagte er, »werden wir bald alle geröstet.«

Er sprach mit einem Unterton dunkler Vorahnung, als würde er ein ökologisches Unglück prophezeien. Die Shell-Pipeline sei eine Gefahr, ein Fingerzeig Gottes, eine gewaltige Naturkatastrophe wie der Erdrutsch, der damals auf der anderen Seite der Bucht die Leute in Pollatomish unter sich begraben habe.

»Eines Nachts gab es einen gewaltigen Wolkenbruch«, sagte er und zeigte mit dem Stock über die Bucht. »Wir hörten ein lautes Krachen, und dann ging die ganze Bergflanke auf die Häuser dort drüben nieder. So etwas habe ich noch nie erlebt. Man musste die Menschen aus ihren

Häusern bergen. Manche von ihnen wollten nie mehr zurück. Eine neunzig Jahre alte Frau musste bei der Rettungsaktion weggetragen werden, aber inzwischen ist sie in ihr Haus zurückgekehrt, weil sie sich nur hier zu Hause fühlt, nirgendwo sonst. Der Erdrutsch hat Trecker bis ans Ufer gespült. Er hat einen Teil des Friedhofs zusammen mit einigen Toten aus Rossport mit ins Meer gerissen.«

Der Weg nach Pollatomish, das auf der anderen Seite der Bucht liegt, kommt einem weit vor. Aber dann wurde mir bewusst, wie nahe sich die beiden einander gegenüberliegenden Gemeinden sind, denn die Leute in McGrath's Bar kannten jeden auf der Rossport-Seite, selbst die Umweltaktivisten und die Polizisten. Bridie McGrath erzählte mir, dass der Mann mit Hund, der mich angesprochen hatte, Seamus heiße. Kein Wunder, dass er sich so für die Krieger der Erde und ihr neues Freiluftbadezimmer interessiere. Sie wollte wissen, ob Seamus seinen Stock wirklich benutzt oder nur damit gezeigt habe. Sie legte die CD einer Einheimischen ein, die auf irisch ein Lied über die Inhaftierung der Rossport Five sang. Im Lied war die Rede von Freiheit. Es erzählte, dass man einer großen Ölgesellschaft niemals trauen könne, denn in Nigeria sei das gleiche passiert: Dort war ein Mann names Ken Saro-Wiwa ermordet worden, weil er gegen Shell protestiert hatte. Bridie meinte, Leute wie die von Shell dürfe man nie aus den Augen lassen, keine einzige Sekunde. Diese Sache werde in die Geschichte eingehen, genau wie der Unabhängigkeitskampf. Diese fünf Männer würden auf der ganzen Welt zu Helden werden. Sie sprach davon, dass sie »innen im« Gefängnis säßen, eine irische Wendung, die in ihr Englisch eingegangen war. Die Männer brachten den anderen Gefängnisinsassen Set-Dancing bei, gaben Kochunterricht und Sprachunterricht, spielten das Akkordeon und sangen. Wäre Shell nicht, dann würden sie an diesem Abend hier in der Bar musizieren.

»Diese Sache hat uns ganz schön erschüttert«, sagte sie.

Sie kochte starken Tee. Der Zucker klebte am Löffel, und so wurde ich mit einer endlosen Kette früherer Teetrinker verbunden, die ihren Tee umgerührt und den Löffel im Anschluss wieder in den Zuckertopf getan hatten. Die Sommerfliegen tanzten in der Luft, und hinter der Bar schnarchte ein kleiner Hund.

»Sie sind die reizendsten Menschen der Welt«, erzählte mir Bridie. Die Leute von Rossport besuchten Pollatomish schon seit Generationen. All ihre Toten lagen hier auf dem Friedhof. Früher hatte man die Särge mit dem Boot herübergebracht, aber inzwischen nahm man die Straße und verbrachte den Tag der Beerdigung in McGrath's Bar. »Und wissen Sie was?« sagte Bridie, und Tränen traten ihr in die Augen. »Sie haben nie Ärger gemacht. Sie sind sehr höflich und kennen jede Menge Geschichten. Je mehr sie trinken, desto nüchterner werden sie. Sie sind die reizendsten Menschen der Welt, und jetzt sitzen sie im Gefängnis, denken Sie nur.«

Paddy, ihr Mann, beschrieb den Kampf gegen Shell mit den Worten: »Wir müssen einen langen Atem haben.« Es sei der Beginn einer neuen Revolution oder der Anfang von etwas noch Größerem, ein Kampf gegen die allmächtigen, großen, global operierenden Unternehmen. Es handele sich um den großen Kampf für die Umwelt, der in Kürze alle religiösen, nationalistischen und terroristischen Kriege ablösen würde. Der Kampf für die Freiheit sei durch den Kampf für saubere Luft ersetzt worden. »Unsere Enkel werden uns hassen, wenn wir nichts dafür tun«, sagte er.

Er ordnete unentwegt die Bierflaschen und sprach davon, »geröstet« zu werden. Die Einwohner Rossports seien von der eigenen Regierung im Stich gelassen worden und würden im Falle eines Unglücks bei lebendigem Leibe in ihren Betten geröstet werden. »Bei lebendigem Leibe geröstet«, wiederholte Bridie, seine Frau. Zum ersten Mal in der Geschichte des Staates habe eine Privatfirma das Recht erhalten, Zwangsverkäufe durchzusetzen. Er sprach vom Ungleichgewicht der Waffen, davon, dass fünf Männer aus Mayo gegen eine multinationale Firma kämpften, die die Unterstützung von Regierung und Gerichten genoss. Der Richter hatte sogar damit gedroht, die Häuser der Männer zu enteignen, wenn sie sich nicht endlich besännen und einwilligten, ihr Land für die Verlegung der Pipeline an Shell zu verkaufen. Doch inzwischen bekämen sie Unterstützung aus aller Welt, viele Briefe und viele Besucher, und viele Menschen kauften die CD mit dem Lied über die Befreiung von der Macht globaler Konzerne.

»Am Ende werden sie uns alle ins Gefängnis stecken müssen«, sagte Paddy.

An der Bar saß ein Mann aus Schottland. Seine Eltern waren aus Pollatomish in die Gorbles in Glasgow ausgewandert, doch er verbrachte jeden Sommerurlaub hier, und nach seiner Pensionierung, sagte er, werde er ganz zurückkehren. Er hatte graue Haare, aber seine buschigen Augenbrauen waren immer noch so leuchtend rot wie Binsen im Spätsommer. Auch ihn müsse man ins Gefängnis stecken, schwor er. Er würde extra aus Glasgow kommen, um für diese Sache in den Knast zu gehen.

Bridie sagte, sie könne mir ein paar Sandwichs machen, falls ich noch bleiben wolle, aber wenn es eine richtige

Mahlzeit sein solle, müsste ich schon zurück nach Bangor-Erris fahren. Ich verließ die Bar und betrachtete die windzerwühlte, blaue, zum Atlantik hin offene Bucht, auf der sich die Gischtkämme in schrägen Linien kreuzten. Das Sonnenlicht war leicht rötlich, und der Seetang sah aus wie leuchtend rotes Haar. Der Spülsaum zog sich rund um die Bucht, als hätte ihn jemand mit schwarzem Filzstift gemalt. Ich stand da und schaute nach Rossport, bis ich die Stelle entdeckte, wo Shell mit der nun eingestellten Arbeit begonnen hatte. Ich sah die Tipis im Lager der Aktivisten. Ich sah die weißen Häuser der inhaftierten Männer und das Feld darunter, auf dem ein Mann mit dem Rasenmäher gearbeitet hatte. Nun begriff ich, warum, denn ich sah, dass er das Wort GERECHTIGKEIT in das Feld gemäht hatte – schöne, große Buchstaben, die vor dem grünen Hintergrund leuchteten. Sie schienen nicht nur Gerechtigkeit für die Inhaftierten, sondern auch für alle zukünftigen Generationen zu fordern, die diese Erde einmal erbten, falls sie nicht vorher bei lebendigem Leibe in ihren Betten geröstet worden waren. Als ich weiterfuhr, hatte ich das Gefühl, als besäße diese Landschaft noch so etwas wie Unschuld. Ich kam an einem Feld mit rotbraunen Binsen vorbei, die an kupferfarbene Augenbrauen erinnerten. Das Feld der Augenbrauen, dachte ich bei mir. Ich sah ein Schild, auf dem »Achtung Kinder« stand. Ich sah das gelbe Schild mit dem schwarzen, ins Moor rutschenden Auto und stellte mir vor, dass der Fahrer darin konserviert und erst Jahrhunderte später gefunden wurde, vollständig erhalten, aber mit einem schwarzen Ledergesicht wie der berühmte Tollund-Mann. Gleich hinter dem Ortseingang von Bangor-Erris sah ich die Polizisten, die ohne Mütze an einem Tisch saßen und Fish and Chips aßen. Sie hatten Feierabend, während in Rossport die Sonne über der Bucht und der ruhenden Baustelle unterging, über den Umweltaktivisten und all den Kriegern der Erde und den reizendsten Menschen der Welt.

5

Skelett einer menschlichen Siedlung

Am späten Nachmittag erreichte ich das verlassene Dorf. Obwohl ich es schon einmal gesehen hatte, war ich auf den unvermittelten Anblick dieser Ansammlung verfallener, niedriger Ruinen nicht vorbereitet, die aussahen, als hätte man sie in den Hügel gekerbt. Bis zum heutigen Tag findet man überall im Westen Irlands, in jeder Stadt und in jedem Bezirk, verlassene Häuser, in deren Fenstern Vorhänge flattern und auf deren Küchentischen noch Tassen und Teller stehen. Hier war allerdings nichts mehr vorhanden, weder Möbel noch sonstwas, als hätten die Menschen beim Aufbruch ihre ganze Habe mitgenommen, ihre Kleider, ihre Geschichten, ihre Sprache. Man erzählte mir, dass 1945, als der Krieg in Europa vorbei war, noch einige Dächer zu sehen gewesen seien, aber nun wirkte das Dorf wie kriegszerstört und glich den bombenverheerten und den Naturgewalten schutzlos ausgesetzten Städten Deutschlands, etwa Dresden. Die Mauern waren bis auf Brusthöhe zusammengefallen, an manchen Stellen sogar bis auf Kniehöhe. Das schwere Bombardement der Zeit hatte nichts verschont, was nicht aus Stein war. Überall wuchs Gras, drinnen und draußen. Erschrockene Schafe liefen aus den Türen. Die unter den Steinen fließenden Gebirgsbäche murmelten alte Geschichten. Sollte die Erinnerung eine Gestalt haben, dachte ich, dann diese. Zwischen den Ruinen verliefen einige wenige alte Straßen, die zu weiteren Ansammlungen umgestürzter, in sich zusammengesunkener Mauern führten, und nur die Giebelseiten hatten dem Wind standhalten können. Das Ganze glich einer vergessenen Sprache.

Manchmal entdeckte ich in die Wände eingebaute Regale, auf denen man einst Eier oder Butter aufbewahrt hatte. Inzwischen haben Archäologen hier fünftausend Jahre alte Siedlungsreste entdeckt, Schichten menschlicher Erinnerung, die bis zum Beginn der Zivilisation zurückreichen. Wie man mir erzählte, hatten im letzten Haus dreiundzwanzig Menschen gelebt, vier Generationen einer Familie in zwei Räumen, die nicht viel größer waren als ein modernes Badezimmer. Vor einer der Haustüren, deren steinerner Sturz noch intakt war, blieb ich stehen, lehnte mich wie der Hausherr an den Rahmen und sah nach Keel, nach Minaun und auf die flache Bühne einer Klippe, die einen Blick auf den Atlantik bot. Ich stand lange da, lauschte dem Wind und dem Wasser und ließ das Dorf in meiner Vorstellung wieder lebendig werden, stellte mir vor, dass die Hauptstraße voller Menschen wäre, die kamen und gingen. An der Giebelseite stand eine Steinbank, auf der an schönen Tagen vermutlich die Alten gesessen und sich mit Passanten unterhalten hatten, um Neuigkeiten zu hören. Drinnen erklang der Schrei eines Neugeborenen, aber vielleicht war es auch eines der Schafe, die am Hang grasten. Als ich schließlich weiterging, wurde das Dorf hinter mir wieder zu einem Skelett. Die Gestalt der Erinnerung begann zu verblassen. Schwarze Moorschnecken krochen über die Felsen. Man hatte helle, milchweiße Steine aus dem Steinbruch auf die Straße gelegt. Als ich mich umdrehte, war das Dorf fast ganz verschwunden. Es war nur noch der graue Schatten einer menschlichen Behausung, die wieder in jenem Berg verschwand, dem sie einst entsprungen war.

Ich folgte dem Hügelkamm und stieg dann zum Dorf Dooagh hinab. Auf dem Wasser spiegelte sich die Sonne. Ich besuchte John McHugh, der mit seiner Frau Maggie und drei Kindern gegenüber der Post wohnt. Nach der Geburt ihres ersten Kindes sind sie aus den USA zurückgekehrt, um sich auf Achill eine Existenz aufzubauen. Sie hätten auch drüben bleiben können, aber Maggie überredete ihren Mann zur Rückkehr. Vielleicht war es auch so, dass die Sache für sie entschieden war, als sie bei einem Gespräch für ein J1-Visum in Chicago zögerten und wieder an das Ende der langen Schlange geschickt wurden, um noch einmal über die Sache nachzudenken. Sie überlegten es sich anders und gingen das Wagnis ein, zurückzukehren und in Achill als Künstler zu arbeiten. Ich unterhalte mich mit John in seinem Atelier neben dem Haus. Seine jüngste Tochter Iseult ist bei ihm und spielt am Computer. Iseult ist mit einer Lernschwäche geboren worden, und manchmal weint sie ein wenig vor sich hin. Wenn bestimmte Bilder auf dem Bildschirm erscheinen, wird sie ganz aufgeregt und beginnt, an der Hand ihres Vaters auf und ab zu hüpfen. Wenn dann wieder etwas auftaucht, was sie nicht versteht, weint sie, bis er ihr zeigt, was zu tun ist.

»Hey, hey«, sagt John und streicht ihr sanft über das Haar. »Weinen gilt nicht. So musst du das machen, mein Schatz.«

John ist inzwischen über vierzig Jahre alt, ein großer Mann mit sommersprossigem Gesicht und langen, buschigen Haaren. Er trägt einen dicken Pullover, und wenn er spricht, wirft er das Haar manchmal mit den Händen zurück, die auch von Sommersprossen bedeckt sind. Er spricht leise, denkt politisch, verweigert sich der Nostalgie und ist Realist. Er sieht die Ironie, die darin liegt, dass viele Menschen nach Achill zurückgekehrt sind und ständig neue Häuser für die Touristen bauen – weitere verlassene Dörfer. Was die Spanier vertikal tun, machen die Iren horizontal: Sie errichten öde Feriensiedlungen, die die meiste Zeit des Jahres leer stehen, etwa jene in Dugort mit der schwarzen, an einen Grabstein erinnernden Marmorplatte, auf der der telefonische Kontakt steht. Diese Landschaft, die immer menschenleerer wurde, wird nun wieder in Besitz genommen und bebaut, und die langsame Agonie der Auswanderung kehrt sich um. Vielleicht ist es ein gutes Zeichen, dass die Menschen jetzt nach Achill zurückkehren und hier leben und arbeiten können. Es ist wohl eher unangebracht, in einer Zeit über Auswanderung zu sprechen, in der die Iren nicht mehr als Wirtschaftsflüchtlinge ins Ausland gehen müssen. Doch die Narben sind geblieben, auch wenn sie in den Zeiten des Überflusses nicht gleich ins Auge fallen. John war eines der Septemberkinder von Achill – eines der Kinder, die an Weihnachten gezeugt wurden, weil die Emigrantenväter dann aus England nach Hause kamen –, nur, dass er den Stichtag überschritten hat und Anfang Oktober geboren wurde. Er kann sich kaum an seinen Vater erinnern, und vielleicht weiß er deshalb so genau, was es heißt, selbst Vater zu sein. Ich habe ihn oft mit seinen Kindern über den Strand laufen und Treibgut sammeln sehen, das er später in Skulpturen verwandelte.

»Ich hatte immer Angst vor meinem Vater«, erzählte er mir. »Warum, weiß ich auch nicht. Er hat mich nie geschlagen oder so, aber wenn er nach Hause kam, war er für mich wie ein Fremder. Ich weiß noch, dass ich immer erleichtert war, wenn er wieder nach England fuhr.«

Achill war eine matriarchalische Gesellschaft, erklärt er mir. Die zurückgebliebenen Frauen erledigten alles. Seine Mutter führte im Sommer ein Gästehaus, traf alle Entscheidungen, kümmerte sich um den Haushalt und erzog die Kinder, während ihr Mann aus England das Geld für den Lebensunterhalt schickte. Geschichten wie diese kennt hier jeder. Söhne, die erlebten, wie sich der Lebensrhythmus der Insel über Nacht veränderte, wenn ihre Väter zu Weihnachten heimkamen. Söhne, die kaum ein Wort mit ihrem Vater wechselten, bis dieser wieder abfuhr. Söhne, die ihren Vater erst richtig kennenlernten, wenn sie erwachsen waren und selbst auf Baustellen in England oder Amerika mit ihm arbeiteten. Früher gab es zwei Busse, vollbesetzt mit Männern, die jeden Freitag nach Westport fuhren. Die Fahrer warteten geduldig bei laufendem Motor, bis der letzte, tränenreiche Abschied zu Ende war und sie losfahren konnten.

»Einmal bin ich meinem Vater auf der Straße begegnet«, erinnert sich John. »Ich wollte Fußball auf einem Feld spielen, das wir Freistaat nannten, weil es niemandem gehörte. Ich sah ihn auf der Straße auf mich zukommen und wusste nicht, was ich ihm sagen sollte. Ich glaube, ihm ging es umgekehrt genauso. Ich sagte ihm, dass ich mit allen Arbeiten fertig sei, und wir gingen aneinander vorbei.«

Die Sommer auf Achill waren wegen der Besucher immer sehr betriebsam, aber das Schicksal der Auswanderung war stets präsent. Auch er schien keine andere Wahl zu haben, als sich gemeinsam mit Maggie in den USA eine Arbeit zu suchen, aber vielleicht gehörten sie zu einer glücklicheren Generation, die dies nicht mehr nötig hatte.

John spricht davon, dass die Auswanderung ganz Irland den Mut raubte, dass sie die Zurückgebliebenen lähmte, als gähnte eine Falltür unter jedem Versuch zu handeln. Er erinnert sich an einen traurigen Sonntagsbesuch bei einem alten Mann von Achill, der allein in seiner nach Mittagssuppe riechenden Dubliner Ein-Zimmer-Wohnung hauste. Er weiß noch, dass die Männer von Achill traditionsgemäß zu Slattery's in der Capel Street gingen, um noch einmal eine ordentliche Portion Huhn mit Kartoffeln zu essen, bevor sie in Dun Laoghaire das Postschiff bestiegen. Und er versucht immer wieder, sich vorzustellen, wie das Leben auf den Baustellen in Großbritannien für seinen Vater vor dessen Krebstod aussah. Sein Vater arbeitete in der nuklearen Wiederaufbereitungsanlage von Windscale in Cumbria. John weiß noch, dass seine Mutter in dem Jahr, als ein Unfall ein Leck in der Fabrik verursachte, einen Brief bekam, in dem sein Vater erzählte, dass man ihm den Auftrag erteilt habe, das verseuchte Wasser aufzuwischen.

Er erinnert sich daran, seinen Vater an einem verregneten Sonntagabend in England angerufen zu haben. Seine Mutter brachte ihn zur grünen Telefonzelle mit einer A-Taste und einer B-Taste. Sie waren besorgt, weil damals alle Welt über die Gefahren radioaktiver Strahlung redete. Sie suchten in der beschlagenen Telefonzelle Schutz vor dem Regen, und seine Mutter holte das Kleingeld hervor und wählte eine auf einem Zettel notierte Nummer. Sie sprach abgehackt, stellte aber viele Fragen und reichte den Hörer dann an John weiter, damit dieser ein paar Worte zu seinem Vater sagen konnte. John vernahm kurz die Stimme seines Vaters, aber dann war das Telefon plötzlich tot, und zu hören war nur noch der Regen.

»Ich dachte, ich hätte etwas falsch gemacht«, sagt John. »Er war weg, und wir konnten ihn nicht zurückholen.«

Als sein Vater schon schwer krebskrank war, bekam er einen Job in Irland. Doch es war zu spät, und er starb bald darauf in einem Krankenhaus in Limerick. Man konnte ihm nicht mehr helfen. Die Ärzte fanden überall in seinem Körper Krebs und entschieden, dass nichts mehr zu machen war. John war erst zwölf Jahre alt, als sie den Toten holten. Sein Vater ist auf dem Friedhof unterhalb von Slievemore begraben, neben dem verlassenen Dorf.

Jahre später besuchte John die Nuklearfabrik in Windscale, in der sein Vater gearbeitet hatte. Zu jenem Zeitpunkt hatte man sie wegen des Unfalls in Sellafield umbenannt. Maggie hatte ihm zugeredet, dorthin zu fahren. Anfangs mochte er den Ort nicht besuchen, an dem sein Vater, der so selten zu Hause angerufen hatte, Bauarbeiter gewesen war. Maggie begleitete ihn. Sie waren noch nicht verheiratet, und er studierte am College of Art and Design in Dublin. In gewisser Weise war es ein später Versuch, seinen Vater kennenzulernen, ihm näherzukommen, indem er ihm auf dem Weg der Emigranten nach Großbritannien folgte. Sie gingen in den Pub bei Windscale, der früher jeden Abend voller Männer aus Achill gewesen war. Sie machten eine Führung in der Nuklearfabrik mit, in der sein Vater gearbeitet hatte, ein einsamer Mann aus Achill, der das verseuchte Wasser aufwischte.

Als ich über den Hügel zurückging und auf dem Abstieg wieder das verlassene Dorf passierte, kamen noch einmal die dunklen Rippen der Häuser in Sicht. Nun sah das Dorf wie ein Leichnam aus, und überall lagen die verstreuten Knochen einer alten Kultur. Die leeren Rahmen der Häuser hingen über mir am Hang, hohl und leblos. Dunkelheit herrschte jetzt im Inneren. Auf der Straße war kein Mensch zu sehen, und ich hatte das Gefühl, der letzte Auswanderer zu sein. Aber dann hob ich den Kopf und erblickte einen Mann, der in einer der Ruinen stand. Die Mauern reichten ihm kaum bis zur Hüfte, und er hatte ein Baby auf dem Arm. Er stand stumm und reglos da, der letzte Bewohner dieses vor langer Zeit verlassenen Dorfes. Weiter unten sah ich eine Frau mit einem Buggy stehen und warten. Niemand sprach. Es war dunkel, und ich hatte das Gefühl, als wären sie in letzter Minute noch einmal umgekehrt, weil sie etwas vergessen hatten.

6

Ambulanter politischer Zahnarzt

Man hatte sich im Bervie Guest House in Keel versammelt, trank Wein und sprach über dich, Heinrich oder Henry: den deutschen Schriftsteller mit der schwarzen Baskenmütze, der den Nobelpreis für Literatur bekommen hatte und so viele Zigaretten rauchte wie ein Mann von Achill. Im Esszimmer hatte man die Stühle unter dem großen Bild des Herzens Jesu in Reihen aufgestellt. Liz Gallagher, das achte Kind von Mrs. D., die das Bervie inzwischen führt, ging mit Platten herum und bot selbstgebackenes, braunes Brot mit geräuchertem Lachs an. Die Fenster waren vom Salz des Ozeans bedeckt wie von Frost. Man konnte das Grollen der Wellen hören, und die Autos, die draußen kreuz und quer parkten, waren schon von einer dünnen, weißen Sandschicht bedeckt. Hin und wieder riss der Wind einen braunen Seetangfaden vom Strand und warf ihn gegen die weißgetünchte Hausmauer, wo er kleben blieb wie eine Eidechse.

Vor fünfzig Jahren hast du unter diesem Dach die erste Nacht auf Achill verbracht, und seit deinem Tod sind zwanzig Jahre vergangen. Man hatte sich versammelt, um deiner zu gedenken, dein Werk zu feiern und zu diskutieren, was du damals über Irland geschrieben hast. Man wollte wissen, ob noch etwas von dem Land übrig war, dessen Bewohner laut deinen Worten glücklicher waren, als sie wussten. Man zeigte deine schwarzweißen Filmaufnahmen von Kindern, die zur Schule liefen, von Männern, die mit einer Pfeife im Mund vor den Bars standen, von jungen Leuten, die im Saal von Achill Sound tanzten, wo die Frauen auf der einen und die Männer auf der anderen Seite standen und der Priester neben der Tür Wache hielt, um die Moral der Nation zu hüten. Szenen der Armut im Irland der fünfziger Jahre, Szenen vom Walfang, Szenen von Menschen, die am Sonntag zur Messe gingen, und von Menschen, die auswanderten.

Die Leute von Achill haben dich als einen Mann in Erinnerung, der herrliche Geschichten kannte, sehr freundlich und offen war und immer Zeit für einen Plausch und ein Pint hatte. Violet McDowell konnte sich noch erinnern, dich auf dem alten Moorweg gesehen zu haben. Sie sprach von deiner Großzügigkeit und erzählte, dass du einmal einem deutschen Fischer geholfen und ihm sogar dein Auto geliehen hast, einen 2CV. Tommy Johnson, der pensionierte Lehrer aus Cloghmore, war damals beim Tanz in Achill Sound dabei. Er sprach davon, dass Irland damals von der Katholischen Kirche beherrscht worden sei. Trotz der einstigen Armut und der Auswanderung, sagte er, hätten die Menschen von Achill sich immer einen natürlichen Sozialismus bewahrt, für den sie sogar ein eigenes Wort hatten: *comhar*. Es ist die Wurzel des irischen Wortes für Nachbar. Sonntags besuchten die irischen Familien oft traditionsgemäß einen *comhar*, brachten ärmeren Menschen Geschenke und Nahrungsmittel und spendeten Trost. Ich kann mich daran erinnern, als Kind in Connemara zu den *na seandaoine* – den alten Leuten – mitgenommen worden zu sein. Aber vielleicht gibt es echten Sozialismus nur in Zeiten echter Armut. Bei der letzten Volkszählung stellte man den Iren die seltsame Frage, wie oft sie in letzter Zeit etwas für wohltätige Zwecke gespendet hätten. Diese Frage löste bei vielen ein tiefes Nachdenken über die Art von Gesellschaft aus, zu der sie jetzt gehörten. Heutzutage, in einer materialistischen Welt, in der von allen Menschen erwartet wird, für sich selbst sorgen zu können, ist das Wort *comhar* so gut wie überflüssig geworden.

Die Leute im Bervie erinnerten sich an die dürftigen Lebensbedingungen auf Achill vor fünfzig Jahren und meinten, alles hätte sich enorm verbessert, als schämten sie sich heute noch für die damaligen Zustände. Sie erinnerten sich daran, wie sich deine Frau Annamarie auf Slievemore bei einem Sturz die Hüfte brach und hinuntergetragen werden musste. Sie sagten, du habest geraucht wie ein Schlot und viel gelacht, aber zugleich etwas Trauriges gehabt. Du habest traurige Augen gehabt, sagten sie.

Die Deutschen, die im Bervie abgestiegen waren, hatten manchmal so geredet, als wäre Irland in der Zwischenzeit völlig verschwunden. Sie gingen dein Buch durch und strichen alles an, was es nicht mehr gab, etwa die stillstehenden Uhren in den Pubs, den Pfeifenqualm, die Esel, die ihren traurigen Ruf über die Landschaft hallen ließen. Die überwältigende Schönheit des Westens von Irland wird nie vergehen. Du warst nicht der einzige, der auf der Suche nach Antworten dorthin fuhr. Für viele Deutsche wurde diese gottverlassene Ecke Irlands zu einem Ersatz für ihr zerstörtes und geschändetes Land, zu einem Ort, an dem sie jene Heimatgefühle entwickeln konnten, die ihnen nach dem Zweiten Weltkrieg zu Hause verwehrt waren. Hier folgten sie deinen Spuren und fanden einen Bezug zu Land und Leuten, den sie in Deutschland nicht entwickeln konnten. Den Deutschen fiel es schwer, ihrem eigenen Land eine Liebe entgegenzubringen, wie es die Iren taten. Also kamen sie zu Tausenden hierher, um auf den stillen Feldern von Achill Seelenfülle und Herzlichkeit zu finden. Die irischen Moore geben manchmal staunenswerte uralte Artefakte frei, aber die deutschen Wälder waren immer noch mit dem Gedankengut des »Dritten Reiches« vermint. Hier, auf Achill, fanden die Deutschen das Gegenbild zu ihrer eigenen Verheerung. Für sie war die irische Landschaft niemals nur ein Ort von ganz besonderer Stille und Schönheit, sondern auch eine Offenbarung. Besucher, Schriftsteller und andere Künstler idealisierten die Insel und versuchten, die bemerkenswerte Landschaft wenigstens ein Stück weit in ihren Werken zu bewahren. Jeder Mensch nahm ihre Weite und Leere in sich auf und trug ein Bild davon mit nach Hause, das schließlich zu einer Ikone der Reinheit wurde. »Geographie als Metapher lautete das Gebot der Stunde«, schreibt Joseph O'Connor. Und nicht nur die Deutschen liebten diesen Ort heiß und innig, sondern auch die Iren selbst und ganz besonders Revolutionäre wie mein Vater, die eine Verkörperung ihrer so ehrgeizig verfolgten Utopie darin sahen. Achill wurde zu einer Traumkulisse, zur Schablone eines neuen Irlands, zu einem Ort, dessen stille, bescheidene und manchmal wilde Landschaft die sich entwickelnde Nation symbolisierte.

Aber es wäre unanständig, die Iren nur zu lieben, wenn sie arm sind. Oder die Landschaft nur deshalb zu lieben, weil sie ein Verlangen nach Reinheit stillt. Vor dem Hintergrund des deutschen Materialismus war die irische Gleichgültigkeit gegenüber Reichtum und Pünktlichkeit damals offenbar sehr verlockend. Doch Irland hat sich in der Zwischenzeit so stark verändert, dass man es manchmal kaum wiedererkennt. Die Landschaft, zuvor als heilendes Medium missbraucht, dient nun als Schauplatz der Träume von Immobilienmaklern. Menschen, die es früher zufrieden waren, mit einer unvergesslichen Erinnerung oder einer Reihe von Fotos heimzufahren, wollen jetzt ein Stück dieser Erde besitzen. Dann wieder gibt es Momente, in denen man das Gefühl hat, als hätte sich nichts verändert. Die Wege durch die Moore oder nach Achill Head werden immer bleiben, weil diese Klippen und das Licht, das auf dem Wasser spielt, etwas an sich haben, das einem das Gefühl gibt, klein und unbedeutend zu sein. Beim Anblick dieser einsamen Strände und wundroten Sonnenuntergänge wird die eigene Biographie zu einer Fußnote der Natur. Und vielleicht hat dies weniger mit der Leere der Landschaft, sondern mehr mit den Menschen von Achill und all jenen Dingen zu tun, die man immer noch nicht besitzen kann. Man fühlt sich allem hier sowohl weit entfernt als auch sehr nahe. Die Menschen sind immer noch freundlich und schmeichelnd, bereit zu schwatzen und über alles zu scherzen. Das achte Kind von Mrs. D. gleicht ihrer Mutter, hat Sommersprossen und ein breites Lächeln und spricht jeden an, verhält sich allen Gästen gegenüber genau wie ihre Mutter. »Wenn noch ein Ei auf deinen Teller fiele, würdest du es essen?« fragt sie, oder: »Hast du dich letzte Nacht in deinem großen Bett einsam gefühlt?« Oder: »Bevor du diese Felsen besteigst, brauchst du unbedingt noch eine Tasse Tee.«

Sie diskutierten kurz darüber, dass du dich zu einem ambulanten politischen Zahnarzt ernannt hattest. Als du nach dem Krieg Irland besucht hast, hörtest du, wie ein Mann in einem Pub eine gewisse Sympathie für Hitler zum Ausdruck brachte. Immerhin hatte Hitler gegen die Briten gekämpft, und vielleicht war er ja gar nicht so schlimm. Also hast du es übernommen, diesen faulen Zahn zu ziehen und ein für allemal klarzumachen, dass Hitler kein Erlöser war, nicht einmal hinsichtlich seines Krieges gegen die Briten. Dieser Zahn musste natürlich unbedingt gezogen werden, und du hast dem Mann im Pub eine kurze Lektion in Geschichte erteilt. Manch einer hoffte damals, dass Hitler in Irland einmarschieren und das Land auf diese Weise endlich vereinigen würde. Die Deutschkurse, die Dr. Becker die ganzen vierziger Jahre hindurch in Dublin gab, waren immer voll, vermutlich aus Protest gegen die Briten. Während des Krieges wurde in Wexford ein deutscher Pilot mit allen militärischen Ehren und in einem mit Hakenkreuzfahne drapierten Sarg bestattet. Die irische Regierung tat alles, um keine jüdischen Flüchtlinge ins Land zu lassen, wobei ihr das Argument als Vorwand diente, man wolle in Irland keinen Antisemitismus schüren. Und dann gab es noch den berühmten Taoiseach, Eamon De Valera, dessen Bestehen auf Neutralität seltsame Blüten trieb, etwa als er dem deutschen Botschafter in Dublin nach dem Tod Hitlers sein Beileid aussprach.

Du hast auch die damaligen, drängenden sozialen Missstände in Irland erkannt, und einige haben gemeint, dass du die katholische Kirche nicht offen genug kritisiert hast. Du wusstest, dass der Klerus dieses Land im Würgegriff hatte und dass das despotische Ethos irischen Autoren den Mund verbot. Wahrscheinlich wolltest du die Iren nicht zu stark kritisieren. Du warst ja nicht als Sozialarbeiter gekommen. Irland war für dich eher ein Fluchtort, das Gegenteil Deutschlands, ein stiller Ort, wo man keine vorschnellen Urteile fällte und wo man dich trotz

Hitlers willkommen hieß. Du bist nach Achill gekommen, um durch die Moore zu wandern, mit deiner Familie im Atlantik zu baden, zu erfahren, wie die Welt ohne den Krieg ausgesehen haben könnte. Du kamst, um das Gewissen Deutschlands und den deutschen Humor zu retten und eine literarische Postkarte nach Hause zu schicken.

Ich wurde in der Zeit geboren, als du zum ersten Mal in Irland warst. Ich bin ungefähr genauso alt wie dein kleines Buch über diese Insel, ein Buch, das viele Deutsche wie ein Brevier mit sich führten, wenn sie nach Westen reisten. Ich kann mich an die Jahre erinnern, als »Zeit« in Irland ein Fremdwort war und die Menschen noch nicht so besitz- gierig waren wie heute. Du hast die Iren als das genaue Gegenteil der Deutschen beschrieben, die nach dem Krieg ganz und gar den materiellen Werten frönten. Ich bin mit deinem Buch wie mit einem Zeitzeugen aufgewachsen, und ich habe miterlebt, wie sich Irland immer weiter an jenen Zustand Deutschlands annäherte, vor dem du ge- warnt hast.

Im Bervie unterhielt ich mich mit Dr. Eoin Bourke, dem Professor emeritus der Germanistik an der Universität von Galway. Seine Frau, Eva Bourke, ist eine bekannte irische Lyrikerin, die in Deutschland aufgewachsen ist, aber schon lange in Galway lebt und dort auf englisch schreibt. Ihre Kinder sind deutsch-irisch, und vielleicht hat Eoin Bourke deshalb einen so unverstellten Blick auf die Iren und die Deutschen und die großen Veränderungen in bei- den Ländern im Laufe der letzten fünfzig Jahre. Seiner Meinung nach sind die Iren den Deutschen der sechziger Jahre inzwischen sehr ähnlich geworden. Alles muss neu und teuer sein. Er sprach über die bekannte »Anekdote zur Senkung der Arbeitsmoral«, in der du die damals in

Irland und Deutschland herrschenden Einstellungen zur Arbeit verglichen hast.

Dieser Text schildert, wie ein Tourist in einem entlegenen Winkel Europas einen Fischer fotografiert, der an einem schönen Tag in seinem Boot faulenzt. Gehen wir einmal davon aus, dass es sich um Achill handelt, obwohl der Ort nicht genau benannt wird. Gehen wir auch davon aus, dass der Text auf einem persönlichen Erlebnis basiert, denn man spricht viel vom Rauchen. Der Tourist bietet dem Fischer eine Zigarette an, beginnt ein Gespräch und fragt, was die Arbeit mache. Der Fischer erzählt, dass er schon draußen gewesen sei, vier Hummer aus seinen Fallen geholt und zwei Dutzend Makrelen gefangen habe. Ja, er habe sogar so viel gefangen, dass er die nächsten ein oder zwei Tage nicht mehr hinausfahren müsse.

Den Touristen, dem der europäische Drang zur Mehrung des Besitzes anerzogen worden ist, verblüfft dieser Mangel an Eigeninitiative. Er verwickelt den Fischer sehr höflich in eine Debatte über die Arbeitsmoral und entwirft eine Zukunft von unbegrenztem Wohlstand. Wenn der Fischer am Nachmittag noch einmal ausfahren und noch ein paar Dutzend Makrelen fangen würde, könnte er sich bald einen Motor für sein Boot leisten. Dann wiederum könnte er öfter zum Fischen fahren, wäre schon bald ein gemachter Mann und könnte einen großen eigenen Betrieb aufbauen. Vielleicht hätte er dann sogar eine ganze Fischereiflotte, wer weiß?

»Sie würden ein kleines Kühlhaus bauen, vielleicht eine Räucherei, später eine Marinadenfabrik, mit einem eigenen Hubschrauber rundfliegen, die Fischschwärme ausmachen und Ihren Kuttern per Funk Anweisung geben. Sie könnten die Lachsrechte erwerben, ein Fischrestaurant eröffnen, den Hummer ohne Zwischenhändler direkt nach Paris exportieren – und dann …«

Ja, was dann? Was würde er tun, wenn er endlich seine große Fischereiflotte hätte, möchte der Fischer wissen. Der Tourist, der sich regelrecht in die Sache hineingesteigert hat, erklärt ihm, dass er sich dann entspannen und hier im Hafen in der Sonne aalen könne. Aber tue ich gerade nicht genau das? fragt der Fischer.

»Offenbar haben die Iren den Rat des Touristen beherzigt«, meint Eoin Bourke. Der größte Schleppnetzfischer der Welt gehörte einem Iren, ja sogar einem Fischer von der Insel Achill, der kürzlich verstarb – als Multimillionär. Das Schiff war gigantisch. Die Netze fischten fast jedes Lebewesen aus dem Meer und verheerten die Küste von Afrika auf ganzer Länge. Wie Eoin in einem Essay schreibt, fing dieses irische Fabrikschiff in nur einem Monat soviel wie siebentausend traditionelle mauretanische Fischer in einem ganzen Jahr. Diese Fischer nannten es »das Höllenschiff«. Schließlich kam es in Mauretanien zu einem Regierungswechsel, und die neue Regierung zwang das Schiff, sich neue Fischereigründe vor der Küste von Peru zu suchen.

Was eigentlich als Parabel des deutschen Wirtschaftswunders der sechziger Jahre gedacht war, ist nun also eine Parabel des irischen Wirtschaftsbooms. Ein armer, in Lumpen gekleideter Fischer hat nicht einmal ein halbes Jahrhundert gebraucht, um die Vision des Touristen vom unbegrenzten Wohlstand zu verwirklichen. Was für eine Umwälzung. Natürlich ist es wunderbar, dass die Iren nicht mehr arm sind. Aber was ist mit Tommy Johnsons Vorstellung vom *comhar* und einer globaleren Variante der Sorge um seine Nachbarn? Wenn man in Irland einen geldgierigen Menschen beschreiben will, sagt man, er würde sogar seine eigene Mutter verkaufen. Inzwischen gibt es hier Leute, die ihre Mutter verkaufen, um sie dann mit Rabatt, zum halben Preis, wieder zurückzukaufen.

Im Bervie musste man die Fenster schließen, weil die Brandung so laut war, dass man kein Wort mehr verstand. Unten im Flur knallte eine Tür im Wind, und jemand sagte scherzhaft, du kämst wohl zurück, um noch ein paar Zähne zu ziehen. Denn es gab immer noch jede Menge fauler Zähne in Irland. Aber der faulste Zahn von allen, der Zahn, der am dringendsten gezogen werden musste, bestand wohl darin, dass mit Erlaubnis der irischen Regierung, die offenbar nur noch Augen für die Mehrung des Wohlstands hatte, Häftlinge auf dem Umweg über Irland in Geheimgefängnisse gebracht wurden, alles im Rahmen des Krieges gegen den Terror. Der Flughafen von Shannon war ein Zwischenstopp auf dem Weg zur Folter geworden. Man nannte das beschönigend »Sondertransport«. Ganz egal, wie gering Irlands Beitrag gewesen sein mag, es war in die geheime Verfrachtung von Menschen an Orte verstrickt, wo man von der menschlichen Landkarte verschwand. Es hatte Proteste gegeben, und auf dem Flughafen von Shannon hatte man Flugzeuge der amerikanischen Luftwaffe mit Hammern beschädigt. Genau wie in den vierziger Jahren leugnete die irische Regierung das Problem. Man nahm die Zusicherungen der US-Beamten für bare Münze und erklärte auf recht schräge irische Art, wenn jemand zu wissen glaube, dass auf dem Flughafen von Shannon etwas Illegales vor sich gehe, dann solle er doch bitte schön die örtliche Polizeidienststelle informieren.

Im Eingangsflur des Bervie hing noch ein Foto von dir mit schwarzer Baskenmütze, Heinrich. Es war kurz nach deiner ersten Ankunft in Irland aufgenommen worden. Ich kann mich noch an das Irland erinnern, das du vorgefunden hast, und auch an das Kind, das ich damals war. Die Leute von Achill hatten recht: Du hattest ein trauriges Lächeln. Und vielleicht hast du auf Achill etwas entdeckt, das in Deutschland verlorengegangen war, etwas, das die Deutschen dann in Irland wiederfanden und mit nach Hause nahmen.

Du hättest es genossen, wieder hierzusein, mit deinem Freund Tom MacNamara von Boley House zu reden, vom Arzt die neuesten Neuigkeiten zu erfahren und die Frau mit den Augen von Vivien Leigh zu treffen. Als der Abend zu Ende ging, war das ledrige Stück Seetang um das Haus bis zur Vorderseite gewandert und versuchte, durch die Tür zu kommen. Der Wind hinderte die Menschen am Gehen und drückte sie immer wieder ins Haus. Die irische Sicherheitsvorschrift, laut der sich die Türen von Pensionen nach außen öffnen müssen, gilt immer noch, außer für das Bervie auf Achill, weil die Leute sonst nie nach draußen kämen. Am Himmel jagte der helle Mond hinter den Wolken dahin. Der Asphalt war von weißem Sand bedeckt. Wenn man die Häuser den Naturgewalten überließe, wären sie eines Tages alle unter dem Sand verschwunden. Soviel wie in diesem Jahr hatte es noch nie gegeben: Man schaufelte ganze Säcke aus den Gullys und leerte sie auf dem Strand aus, aber der Sand kam immer wieder. Der Strand von Keel lag im Mondschein, und die Wellen dröhnten die ganze Nacht, als verliefe draußen vor dem Fenster eine Autobahn. Ich wachte ständig auf, genau wie du in deiner ersten Nacht, nehme ich an, als die Wellen an deine Füße schwappten und dein Bett hinaus auf den Atlantik trieb. Nächster Halt: Amerika.

7

Porträt einer irischen Stadt

Wir erreichten Limerick von Ennis kommend und sahen unterwegs die Schulkinder in ihren Uniformen. Die Mädchen hatten sich für die Schule geschminkt und schwatzten in ihr Handy. Sie rauchten, kauten Kaugummi, spuckten aus. Sie stießen sich gegenseitig vom Bürgersteig, als gehörte die Straße nicht dem Motor, sondern immer noch ihnen. Limerick hat sich inzwischen wieder dem Fluss zugewandt, an dessen Ufer viele neue stolze Gebäude stehen. Gut möglich, dass diese Stadt mehr als jede andere versucht, das Image von Armut und Kriminalität abzuschütteln, das an ihr haftet wie eine üble Nachrede. Limerick möchte inzwischen lieber ein wenig wie Dubai aussehen, wie eine der neuen Weltstädte mit ihren glitzernden Glastürmen. Das Clarion Hotel erhebt sich wie ein Symbol des Wohlstands über dem Shannon, eine ovale Puderdose, die das weiße Licht vom Wasser fischt. Limerick möchte von den bemoosten Dächern und kaputten Regenrinnen ablenken. Es möchte uns sagen, dass all die Bruchbuden mit ihren wasserfleckigen Fassaden und den Grasbüscheln auf den Schornsteinen bald der Vergangenheit angehören. Es möchte uns sagen, dass die Tage von Weißbrot und Zuckersandwichs gezählt sind. Genau wie die Tage, als man im Fish-and-Chips-Laden den Essig auf wenige Tropfen pro Portion rationierte. Angesagt ist Überfluss. Angesagt sind glitzernde Farben. Jede Stadt und jeder Landkreis in Irland hat eine Hymne oder ein Lied, das vom Stolz auf die Heimat kündet. Hier heißt es »Limerick you're a lady«, was ein wenig so klingt, als sollten die berühmt-berüchtigten und unterschätzten Bürger dieser Stadt ermahnt werden, auf ihre Manieren zu achten. Limerick, du bist eine feine Dame, also benimm dich auch so.

Die Straßen waren nass, allerdings nicht, weil es geregnet hatte, sondern weil in der feuchten Luft nichts richtig trocknete. Alle waren beim Einkaufen, vielleicht die einzige Aktivität, die einem sofort das Gefühl gibt, dazuzugehören. Die Menschen verschwanden in den Elektroläden, den Plattenläden, in Brown Thomas, im Internet-Café. Irgend jemand hatte seinen Geländewagen vor einem Beleuchtungsgeschäft auf dem Bürgersteig geparkt. Vor Celtic Bookmakers, dem Wettbüro, saßen drei kleine Terrier, die geduldig darauf warteten, dass ihr Herrchen bezahlte und wieder herauskam.

In einem Zeitschriftenladen fragte uns die Frau hinter dem Tresen, ob wir okay seien. Das ist die irische Formulierung für: »Guten Tag, kann ich Ihnen irgendwie behilflich sein?« Manchmal klingt es allerdings, als stimmte mit einem etwas nicht. »Sind Sie okay?« heißt es dann, als hätte man einen psychischen Defekt. »Alles klar mit Ihnen?« fragen sie hartnäckig wie bei einer Daueruntersuchung der geistigen Gesundheit. Wir erforschten kurz unseren Gemütszustand und antworteten: »Ja.« Alles war in bester Ordnung, und wir wollten einfach nur eine Zeitung und zwei Flaschen stilles Mineralwasser. »Sind Sie okay?« fragte man uns im Coffee Shop, und wir antworteten ja, wir tickten noch richtig und hätten gern eine Kanne Tee und einen Platz, an dem wir in die Zeitung schauen konnten.

Ich las einen Artikel über das Ende der Milchflasche. Das hatte nichts mit dem Aussterben des Milchmanns oder dem Boom der Tetra Paks zu tun. Statt dessen wurde in dem Artikel behauptet, Milchprodukte seien krebserregend. Eine an Leberkrebs leidende Engländerin hatte angeblich nur noch zwei Monate zu leben gehabt, hatte sich jedoch durch den völligen Verzicht auf Milch selbst geheilt. Daher stand das weiße Zeug nicht mehr auf den Türschwellen der Bürger von Limerick. Sie waren seit Jahren von der Milch dahingerafft worden. All die Milch im Tee, die diesem die Hautfarbe eines überfütterten Säuglings verleiht. Kein Pint dieses weißen Zeugs mehr, mit dem man das Fleisch, die zwei Häppchen Gemüse und die ebenfalls milchhaltige Petersilienschwitze hinunterspült, denn die Bürger von Limerick sind keine Babys mehr und brauchen nicht so viel Protein. Keine blassen, milchigen Teegesichter mehr auf den Straßen der Stadt.

Ich beschloss, mir in Limerick die Haare schneiden zu lassen, und fand in der Thomas Street einen Friseur namens »Gavin and Moore«. Es war ein traditioneller Herrenfriseur, in dem man sehr männliche Witze riss und Männergespräche über Sport, Politik und Verbrechen führte. Vor den Spiegeln stand eine Reihe von Zahnarztstühlen. Außerdem gab es ein paar Polsterstühle und einen Tisch mit Zeitschriften und Zeitungen für die wartenden Kunden. An den Wänden hingen Poster, die das berühmte Rugby-Team von Munster mit den karmesinroten Trikots und diverse legendäre Spieler zeigten, die in legendären Spielen Versuche erzielten. Ein Mann mit dem Spitznamen »The Claw« lag auf der Erde, Matsch an den Ohren und ein Grasbüschel auf der Wange. Er lächelte, denn er hatte den eiförmigen Ball gerade ins Ziel gebracht und war unter einem Berg von laktoseverfetteten, stiernackigen Gegenspielern begraben. Sein wahrer Name lautet Peter Clohessy, und er genoss den Ruf, der furchtloseste Mann in ganz Munster zu sein, ein Mann, der keinen Schmerz kannte, ein Mann, der immer bei Licht schlief, weil das Dunkel eine Heidenangst vor ihm hatte. Inzwischen gehört ihm eine der bekanntesten Bars in Limerick, die seinen Namen trägt, und er hat den Ruf, wunderbare, wie neugeborene Pints dunklen Biers zu zapfen. Diese Sportposter passten hervorragend in den Friseurladen, denn hier debattieren Männer voller Leidenschaft über Limericks wichtigste natürliche Ressource. Hier wird der Geist des karmesinroten Rugby-Sturms von Munster geboren.

Dann sah ich etwas, das mich erschreckte. Zwischen all den Rugby-Heiligenbildern entdeckte ich einen Gegenstand, der mich einen Moment lang sowohl mit Furcht als auch mit Faszination erfüllte. In einem Glaskasten hing ein schwarzer Lederriemen, eines jener Werkzeuge der Bestrafung, wie sie in meiner Jugend an jeder Schule Irlands üblich gewesen waren. Es hing hier in diesem Friseurladen wie ein Artefakt aus einem monströsen Museum der Folter, wie ein giftiges Geschöpf mit gefährlichem Stachel, wie eine Tarantel hinter Glas. Ich schaute mir den Lederriemen aus der Nähe an. Er bestand aus zwei mit groben Stichen zusammengenähten Kalbslederstreifen. Er war circa einen halben Meter lang und fünf Zentimeter breit und hatte einen schmalen Griff mit weißen, puderigen Flecken, den salzigen Schweißresten aus der lange zurückliegenden Zeit, als er in der Hand des Scharfrichters gelegen hatte.

Ich wurde aufgefordert, mich auf einen der Stühle zu setzen. Der Friseur legte mir einen schwarzen Umhang um die Schultern und steckte mir ein weiches, weißes Papier um den Hals, einen weißen Kragen, mit dem ich aussah wie ein Lehrer der Christlichen Brüder. Immer wenn der Friseur einen neuen Kunden vor sich hat, muss er das Gefühl haben, wieder in der Schule zu sein. Das Haareschneiden ist inzwischen eine Sache der Zahlen, und ich bekam eine Nummer zwei und an den Rändern eine hübsche, kleine Nummer eins. Als der Friseur mit dem Schneiden begann und die Haare auf meine schwarze Soutane regneten, unterhielten wir uns über den Lederriemen im Glaskasten. Er sagte, der Riemen sei aus einer Schule in Limerick gestohlen worden. Aus Saint Munchin's Knabengymnasium an Hasset's Cross. Man habe ihn dem psychopathischen Bruder Casey abgenommen und zwanzig Jahre lang versteckt, und als die Angst vor Bruder Casey und der Herrschaft der Christlichen Brüder schließlich abgeflaut sei, habe man ihn dem Friseurladen geschenkt. Nun werde jeder Mann aus Limerick, der hierherkomme, um sich die Haare schneiden zu lassen, an die Schläge erinnert, die er als Junge in der Schule bekommen habe.

Der Friseur war ein Fachmann für dieses Thema. Er konnte sich noch daran erinnern, wie er eines kalten Morgens die Hand ausgestreckt hatte, um einen schmerzhaften Hieb mit dem Riemen zu empfangen, der seine Haut karmesinrot färbte. Er konnte sich noch daran erinnern, dass er zwei Tage lang keinen Stift hatte halten können, als wäre er gelähmt gewesen. Er konnte sich an das verzerrte Gesicht des vor langer Zeit verstorbenen Bruder Casey erinnern, der immer die Lippen zusammenkniff und wie ein Bulle schnaubte, wenn er den Lederriemen auf die Hand eines kleinen Jungen heruntersausen ließ.

Ich erzählte ihm, dass die Christlichen Brüder in Dublin ihren Lederriemen Spitznamen gegeben hatten, Namen wie »Sonny Jim« oder »Black Magic«. In Limerick hatten sie sogar noch schlimmere Namen, zum Beispiel »Cromwell's Handshake«, was sich auf die allgemein bekannte Gestalt der irischen Geschichte bezog, den englischen Kriegsherrn, der das Herz der Iren immer noch mit Furcht erfüllt. Jeder Schuljunge kennt die Geschichte, dass Cromwell irische Babys an die Türen nageln ließ, als seine Besatzungsarmee das Land verheerte. Und vielleicht hatten die Christlichen Brüder Cromwells Tradition aus Versehen fortgesetzt, indem sie unter dem Deckmantel von Freiheit und Bildung weiter die Peitsche der Knechtschaft schwangen. Ich erörterte mit dem Friseur die harschen Methoden, durch die jeder Schüler einer irischen Schule Schlag um Schlag das Erbe der Geschichte in sich aufgenommen hatte. Der Friseur erzählte mir, dass sich manche Brüder Pennymünzen in den Riemen einnähen ließen, damit er schwerer wurde.

»In Limerick gibt es einen Schuster, der sich weigerte, die Riemen zu machen«, erzählte mir der Friseur. »Ein Mann namens Joe Wallace. Sein Laden war nur zwei Straßen von hier entfernt. Er hat die Riemen zur Reparatur angenommen, aber wenn einer der Brüder zum Abholen vorbeikam, hat er immer lange herumgesucht und gesagt, er hätte ihn verlegt.«

»Wer hat die Riemen hergestellt?« fragte ich.

»Carews«, antwortete der Friseur.

Er hielt kurz beim Haareschneiden inne, um mir zu erzählen, dass Carews' Lederladen das lukrative Bestrafungsgewerbe übernommen hatte. Dort wurden die ausgefransten Riemen wieder geflickt und mit Münzen versehen.

»Joe Wallace mochte nicht mehr«, fuhr der Friseur fort. »Ich nehme an, dass er selbst genug Hiebe bekommen hatte und so viele Jungen wie möglich davor bewahren wollte.«

Der Schuster Joe Wallace gab sein Geschäft auf. Er weigerte sich, diese Werkzeuge der Bestrafung herzustellen oder zu flicken, und bekam dann eine seltsame Krankheit, von der seine Hände roh und rauh wurden. Eine vom Klebstoff der Schuster verursachte Art von Schuppenflechte.

»Das hatte er nicht verdient«, sagte der Friseur zu mir. »Es war ein quälender Juckreiz an den Händen. Er konnte nicht mehr arbeiten, denn er hatte eine schlimme Form der Anämie. Mangel an Vitamin B oder D, irgendeiner dieser Buchstaben.«

Vielleicht war es ja auch eine Spätfolge von »Cromwell's Handshake«. Vielleicht war es der Fluch der Christlichen Brüder, die ihn immer noch prügelten, obwohl sie längst verschwunden waren. Wir sprachen von den Veränderungen in Limerick. Die extreme Armut, die bis in die achtziger Jahre geherrscht hatte, nahm ab. Natürlich gab es wie in jeder Stadt immer noch Viertel, in denen es viel Ärger gab. Aber insgesamt gesehen hatte sich die Lage gebessert, stark gebessert. Der Friseur meinte, er hätte nichts dagegen, jetzt noch einmal zur Schule zu gehen und eine anständige Ausbildung zu erhalten. Er sprach von Limericks Ruf und davon, dass der Schriftsteller Frank McCourt den Mut gehabt habe, die Wahrheit über diese Stadt zu schreiben. Limerick sei immer die Hauptstadt des Snobismus und der Verdrängung gewesen, sagte der Friseur, und man habe vor der eklatanten Armut, die ringsumher herrschte, die Augen verschlossen. Man hatte eingewandt, dass McCourts Schilderung reiner Schwindel sei. Leute wie der berühmte Schauspieler Richard Harris, dessen Vater Eigentümer der hiesigen Getreidemühlen gewesen war und manchmal kostenlos Säcke mit Mehl an die Armen verteilt hatte, sagten, die Armut sei übertrieben dargestellt. Aber bewies das nicht erst recht die Wahrheit von McCourts Buch – diese Geschichte der Armen, die auf Gnade und kostenlose Säcke mit Mehl gewartet hatten?

Als der Friseur fertig war, nahm er mir das klerikale Gewand ab und säuberte mir mit einer weichen, elfenbeinfarbenen Bürste Hals und Schultern. Ich zeigte auf den Lederriemen, der sicher hinter dem Glas verwahrt war, und fragte ihn, ob er sich je gezwungen sähe, seinen Kunden ein paar Hiebe zu verpassen. Er trat einen Schritt zurück und betrachtete »Cromwell's Handshake«.

»Im Notfall das Glas einschlagen«, sagte er lächelnd. Seine Kollegen, die dasaßen und Zeitung lasen, hoben den Kopf und lachten.

Am späten Nachmittag, als in Limerick schon niemand mehr damit rechnete, kam die Sonne heraus. Sie verwandelte die ganze Stadt und verlieh ihr etwas Theatralisches. Saint John's Island stand im Rampenlicht. Im Schein der sinkenden Sonne hatte die Stadt ihr Gedächtnis wiedergefunden. Die Möwen flogen über die mittelalterlichen Mauern, die sich aus dem Shannon erhoben.

Die Straßen trockneten jetzt besser. Die Stadt musste dringend ein oder zwei Tage geföant werden. Wir ließen die Geschäfte hinter uns und gingen dorthin, wo sich die Stadt erhebt wie der Hacken eines alten Stiefels. Wir suchten das Herz Jesu, das Heinrich Böll vor fünfzig Jahren entdeckt hatte. Wir fanden es in der Redemptorist Church, einem grauen, an eine Kathedrale erinnernden Gebäude, dessen Tür mit Säulen geschmückt war. Beim Eintreten war ich plötzlich wieder von Furcht und Faszination erfüllt, einer Mischung aus eisigem Schrecken und herzerwärmender Nostalgie. Immerhin hat jeder Junge in diesem Land eine Ewigkeit in solch strengen, heiligen Gebäuden verbracht. In den Kirchen herrschte eine fromme Stille, die selbst den starrsinnigsten Atheisten nicht unberührt ließ. Limerick war nicht gerade ein Touristenzentrum, aber man hat die Stadt einmal als frömmsten Ort Irlands bezeichnet. Nun war die Kirche bis auf wenige Gläubige leer, die sich bekreuzigten und zu dem kleinen Sarg mit den Knochen eines römischen Jungen gingen, der den Märtyrertod gestorben war. Auf der linken Seite des Hauptschiffs befand sich das Heilige Herz Jesu, aus dem Lichtstrahlen drangen. Darunter brannten mehr als hundert purpurne Kerzen. Es gab einen Spendenkasten und ein Schild, das den Besuchern aus Sicherheitsgründen verbot, die Kerzen selbst anzuzünden. Statt dessen gab es ein Messingtablett mit mehreren Ebenen und purpurnen Glühlampen. Man musste nur Geld hineinstecken und einen Messingschalter betätigen, und dann brannte eines dieser Lämpchen, bis man die Kirche abends schloss und den Strom abstellte.

Außer dem Herzen Jesu gab es hier jedoch etwas, das Heinrich Böll nicht hatte ahnen können. In dieser Kirche beschimpfte ein Priester der Redemptorist Church 1904 die Juden und sagte, sie »saugten den Armen das Blut aus den Adern«. Das führte zu einem Boykott der jüdischen Händler in der Stadt und zur Isolation der jüdischen Kinder an den Schulen. Vor genau dieser Art von Pogrom waren die litauischen Juden nach Irland geflohen. Die Verfolgung wurde von der katholischen Kirche nicht offen unterstützt und dauerte in Limerick nur kurze Zeit, und vielleicht ist das der Grund, weshalb man die Sache so schnell vergessen hat. Wie hätte Heinrich Böll dies wissen sollen, als er vor dem Heiligen Herzen Jesu stand? In der Kirche gibt es keine Plakette, die an diese Ereignisse erinnert. Ein bekannter Radioregisseur von RTE, dem nationalen Rundfunk, erzählte mir, dass er in den Achtzigern versucht hatte, eine Dokumentarsendung zu diesem Thema auszustrahlen, aber man strich die Sendung, und in der Folge war er isoliert. Von diesem Thema wollten die Iren nichts wissen. Irland war noch nicht bereit, sein Herz unter die Lupe zu nehmen.

Unterwegs aßen wir irgendwo Fish and Chips und kamen mit der Frau am Nebentisch ins Gespräch. Sie riss die Essigtüten mit den Zähnen auf und kippte den Inhalt über die Chips, als könnte sie den Hals nicht voll genug bekommen. Sie erzählte uns, dass sie versuche, ihrer Schwiegertochter das Kochen beizubringen. Sie hatte einer jungen Frau, die nicht einmal hätte kochen können, wenn es um das liebe Leben gegangen wäre, die heilige Pflicht übertragen, ihren Sohn zu ernähren.

»Sie kann noch nicht mal ein Ei kochen«, sagte die Frau. Sie hatte schon zwei Jahre lang versucht, ihrer Schwiegertochter zu zeigen, wie man dafür sorgte, dass ihr Sohn gut im Futter blieb. Sie verriet uns das Rezept, das die Ehe ihres Sohnes gerettet hatte.

»Zwei Hühnerbrustfilets«, flüsterte sie. »Dann eine Dose von Campbells Pilzsuppe aufwärmen und einfach drüberkippen. Mit Kartoffelbrei servieren. Kinderleicht.«

Sie rutschte auf ihrem Platz zurück und wartete darauf, dass wir die Genialität ihrer Idee würdigten. Sie zwinkerte mir zu, als stampfte ich demnächst als Munster-Monster durch die Gegend. Wenn ich dieses Gericht eine Woche lang jeden Tag äße, würde ich keinen Schmerz mehr kennen. Das Dunkel hätte eine Heidenangst vor mir. Ich wäre mitten im Thomond-Park-Stadion, diesem brodelnden Kessel des Rugby-Sports, und würde mich Horden rippenbrechender Hünen aus Munster entgegenwerfen. Ich wäre eine Lady aus Limerick, mit matschbeschmierten Rugby-Ohren und haarigen Beinen wie Peter Clohessy. Hühnchen mit Pilzsuppe obendrauf, ein Berg Kartoffelbrei und ein ordentliches Pint des weißen Zeugs, um alles hinunterzuspülen. Dieses Gericht bereitete jedem Schmerz ein Ende.

8

Gut möglich …

Neun Uhr morgens, und das Boot des Arztes ist noch nicht da. Von seinem Haus in Pollagh kann der Arzt mit dem Fernglas sehen, wie das Boot von Clare Island ablegt, und dann mit dem Auto zum Hafen in Cloghmore fahren, um an Bord zu gehen. In der letzten Nacht musste er noch zu später Stunde los – ein Kind mit Asthma, ein Mann mit einem schweren Schwindelanfall, ein Surfer, der sich mitten in der Nacht am Strand von Keel den Arm gebrochen hatte. Auf dem Pier sagten mir die Männer vom Kutter, ich solle Ausschau nach einem gelben Boot namens »Very Likely« halten. Wenn in Irland irgend etwas passieren soll, dann passiert dies *very likely* – gut möglich –, was vermutlich auf die irische Sprache zurückzuführen ist, in der es kein Ja oder Nein, sondern nur kräftige Ausdrücke für Zustimmung und Missfallen gibt. In dieser Gegend kennt man nichts Absolutes. »Gut möglich«, erwidern die Kutterfischer auf meine Frage, ob ich später am Tag noch Makrelen bekommen könne.

Der Morgen ist still und klar. Im Licht der Morgensonne sind die Farben außergewöhnlich rein – rotbraunes Moor, graue Steinmauern, Torf, schwarz wie Schuhcreme, und leuchtend grüne Felder. Grace O'Malleys Burg steht am Ufer, und alles wirkt näher und wie in Reichweite, wie bei einem der dreidimensionalen Hologramme, die wir uns als Schuljungen angeschaut haben. Achill Beg (das kleine Achill) liegt in Rufweite. An schönen Tagen wie diesem unterhielt man sich früher über das Wasser hinweg auf irisch, bis Achill Beg 1961 aufgegeben wurde. Die letzte Familie zog auf das Festland, nachdem der Vater, dessen Boot mit Weihnachtsgeschenken beladen gewesen war, auf der Rückfahrt im tückischen Sund ertrank. Einmal gab es den Plan, Achill Beg durch eine Brücke mit dem Festland zu verbinden, aber die Inselbewohner sprachen sich dagegen aus. Inzwischen ist ein Mann aus Limerick dorthin gezogen, er ist der einzige Mensch auf der Insel. Jim Quigley wurde als Kind jeden Sommer dorthin gebracht, und nun ist er der neue Inselmann von Achill Beg. Hin und wieder fährt er im Boot des Doktors mit nach Clare Island, um die Verbindung zu den anderen Inselbewohnern aufrechtzuerhalten.

Der Arzt kommt, als das Boot anlegt. Er heißt Dr. Edward King, und er ist der Sohn jenes Arztes, der vor fünfzig Jahren in einer stürmischen Nacht gerufen wurde, um ein Septemberkind zu entbinden. Seine Mutter war die Frau, die in der Nacht, als sie auf die Rückkehr ihres Mannes wartete, einen ihrer silbern lackierten Fingernägel über die Karte an der Wand fahren ließ wie ein nagelneues Auto, das den Kurven und Schlenkern der Straße in dieser wilden und wunderschönen Landschaft folgte. Kürzlich traf ich einen Mann aus dem süddeutschen Vechta, der nach der Lektüre des »Irischen Tagebuchs« nach Irland gekommen war und sich sofort zum Haus des Arztes auf Achill begeben hatte, weil er unbedingt an die Tür klopfen und nachprüfen wollte, ob auch alles Wirklichkeit war. Die Frau des Arztes bat ihn auf eine Tasse Tee herein, sagte, sie führen demnächst in Urlaub, und fragte, ob er bis zu ihrer Rückkehr einhüten wolle. So geschah es, dass »Hermann the German«, wie er inzwischen genannt wird, in Irland blieb. Er betrat die Seiten des »Irischen Tagebuchs«, und man vertraute ihm, einem völlig fremden Menschen, das Füttern der Hühner an und ließ ihn in jenem Haus wohnen, in dem Heinrich Böll der Frau des Arztes Gesellschaft geleistet hatte, bis ihr Mann mit einem Kupferkessel, der aus einem Schiffswrack geborgen worden war, wieder nach Hause kam. Der Kupferkessel entstammte der Phantasie des Schriftstellers, aber die Frau mit den schönsten Füßen der Welt gab es wirklich. Genau wie die Karte an der Wand. Nun lebt Hermann Rasche in Connemara und arbeitet an der University of Galway, fährt immer mit dem Fahrrad, sagt »gut möglich« und erzählt seine eigenen Geschichten von Irland.

Dr. King fährt nach Clare Island, um Hausbesuche zu machen, genau wie sein Vater damals. Er entbindet keine Septemberkinder mehr. Die Notfälle werden zwar im Regionalkrankenhaus von Galway behandelt, doch sein Bereitschaftsdienst ist an der Küste sehr wichtig, weil die Reise zum Festland nicht immer einfach ist. Im letzten Jahr kam ein Mädchen auf tragische Weise nach einem Sturz ums Leben, der nicht tödlich hätte enden müssen, wenn es einen vernünftigen Rettungsdienst gegeben hätte. Dr. King setzt sich nun dafür ein, dass auch diese Gegend ihren eigenen Rettungshubschrauber bekommt.

An ruhigen Tagen braucht das Boot vierzig Minuten bis Clare Island. Wir betreten den Pier und gehen an einem jungen Widder mit Korkenzieherhörnern vorbei, den man an der Wand festgebunden hat, und an einem auf ein Bierfass aufgebocktes Auto. Der Arzt besucht weitere Patienten mit Schwindelanfällen, und ich gehe derweil in Begleitung des Inselmanns von Achill Beg zur Kirche mit den uralten Fresken. Er erzählt mir, dass er über ein Handy per

Internet mit seinem Arbeitsplatz verbunden ist. Das einzige, was er noch nicht installiert hat, ist eine Satellitenschüssel für das Fernsehen, weil man dies nur zu zweit schafft. Wir reden davon, wie sehr sich das Leben auf diesen Inseln verändert hat. Deutsche fragen mich manchmal, ob die Iren noch soviel Muße haben und ob die irischen Bauern immer noch auf den Zaun gelehnt in die Ferne starren. Was soll ich antworten? Ja, nur dass man sie inzwischen dafür bezahlt.

Wir unterhalten uns über die katholische Kirche, die versucht hat, die Menschen zur Unterwerfung unter absolute Werte zu zwingen. Einmal hatte ich die Geschichte einer jungen Frau gehört, die in den siebziger Jahren auf den Aran Islands lebte: Sie wurde verfemt, weil sie ein uneheliches Kind erwartete, und als sie kurz vor der Geburt stand, verhinderte der Priester von Inishmore den Einsatz des Seenotrettungsbootes. Der Klerus dieses Landes, früher selbst Opfer von Verfolgungen, wurde allmächtig. Inzwischen hat er seine Macht verloren, aber die Iren haben sich einer neuen Diktatur des Absoluten unterworfen, in der alles gemessen wird und einen Wert hat, einschließlich der Zeit. Hier draußen auf Clare Island hat es nie einen festen Priester gegeben, nur einen festen Philosophen namens Mick O'Malley, der auf der Insel zu einer legendären Gestalt wurde. Er war ein Cousin des großen irischen Malers Tony O'Malley und besaß ein Haus mit Blick auf den Atlantik, wo er mit einer Amerikanerin lebte, die verrückt nach ihm war, und er schenkte jedem Besucher ein Honigglas mit selbstgebranntem Whiskey. Arbeiter, die gerade eine Straße verbreiterten, stellten ihre Maschinen ab und ließen die Schaufeln fallen, um sich mit uns über Mick O'Malley zu unterhalten. Sie erzählten uns, er habe seinen

Hund auf den Namen seines besten Freundes in Connemara getauft, Bob Quinn, und Bob Quinn habe seinen
Hund im Gegenzug auf den Namen Mick O'Malley getauft. Dichter, Filmemacher und viele andere Künstler kamen regelmäßig zu Besuch, um seinen Ideen zu lauschen.
Wie traurig, dass wir dieses letzte, große exzentrische Genie des Westens nicht mehr besuchen konnten. Auf dem
Totenbett hatte er sich gewünscht, auf der Insel bestattet
zu werden, nicht in geweihter Erde. Man setzte ihn auf
seinem eigenen Grund bei. Das County Council von Mayo
gab Anweisung, seinen Leichnam zu exhumieren und um-
zubetten, aber die Leute auf der Insel verhinderten dies,
und daher liegt er nun dicht unter der Erde, nur drei Fuß
tief, und blickt auf das Meer, eine Landmarke des Unge-
horsams und der Freidenkerei.

Den Kirchenschlüssel bekommen wir vom Hausmeister
Bernie Winters, der in Wellingtonstiefeln vor seinem Haus
steht, ein dünner, kerngesunder Mann mit langen Haaren,
der noch nie in seinem Leben zum Arzt musste. Er klopft
einen Teppich auf einer Steinmauer aus. Sein Haus ist das
älteste auf der Insel, und er zeigt uns eine Sammlung von
Steinen und Fischgerippen – diverse Arten von Hai und
Wal, die er im Laufe der Jahre auf den Felsen gefunden
hat. Er zeigt auf eine Stelle am Ufer, wo wir Fossilien sehen
können. Im Haus hängt der riesengroße Unterkiefer eines
Wals, aber sonst ist es sparsam eingerichtet. Es gibt nur eine
traditionelle, beigefarbene Kommode, einen Herd und vor
dem Fenster zur Straße einen kleinen Tisch mit zwei Stüh-
len. Auf einem Regal steht ein Kassettenrecorder, daneben
liegen ein paar Kassetten. Im Schlafzimmer gibt es heuge-
flochtene Körbe, die aussehen, als wären sie für Bienen,
aber wie sich herausstellt, sind sie für Hennen. Kürzlich

hat ein Fuchs viele Hennen auf der Insel gerissen, und wir müssen daran denken, dass der Fuchs immer im Singular auftaucht wie eine erfundene, sagenhafte Gestalt, wie der einzige Fuchs auf der ganzen Welt. Bernie sagt, früher habe er überall auf der Insel Bienen an den Büschen gesehen, rote Bienen und schwarze Bienen, aber offenbar seien viele an irgendeiner Krankheit gestorben, denn man sehe kaum noch welche. Das sei ihre große ökologische Katastrophe, und man könne es mit dem Verschwinden der Dinosaurier vergleichen. Die Bienen starben als erste aus, und darin glichen sie allen Exzentrikern und Unangepassten dieser Welt.

Ja, die Exoten sterben immer zuerst aus.

Wir hören den Ruf eines Esels, der an eine rostige Pumpe erinnert. Wir hören das trompetenartige Brüllen der Rinder, und von den Steinmauern hallen die Stimmen von Schulkindern wieder. Im Rahmen einer ländlichen Umsiedlungsaktion hat man neue Häuser gebaut, und vielleicht wird sich die Insel immer treu bleiben. Jedenfalls wird das gesagt, weil die Insel durch die neuen Fischfarmen im Vergleich mit anderen, abgelegenen Gegenden eine sehr junge Einwohnerschaft hat.

Die kleine Kirche steht mitten auf dem Friedhof. Wir öffnen das schwere Schloss und stoßen die knarrende Tür auf. Drinnen sehen wir die roten Malereien an der Gewölbedecke, die von einem deutschen Archäologen restauriert worden sind. Es sind Jagdszenen. Sie haben nichts Religiöses, sondern sind ganz säkular und zeigen heidnische Männer, die mit Speeren Elch und Wildschwein jagen. Und vielleicht stimmt es, dass diese Inseln auf schicksalhafte Art immer außerhalb der Rechtsprechung von Päpsten, Königen und Regierungen lagen, weit weg von den unsichtbaren Aufsichtsräten global operierender Unternehmen. Vielleicht ist es bereits eine revolutionäre Tat, hier draußen zu leben, ein stiller Akt der Rebellion, der schon Jahrhunderte andauert.

Es beginnt zu regnen. Wir werden von einer Frau im Auto mitgenommen, die ihren Sohn vom Pier abholen will. Nach hundert Metern werden wir auf der Straße von einer Schafherde gestoppt, die das Auto zum Schrittempo zwingt. Niemand ist bei den Schafen, als hätte man sie gebeten, auf eigene Faust zum Hafen hinunterzutrotten, an Bord zu gehen und sich zu den Märkten in Galway schippern zu lassen. Die Insel gehört ihnen, nicht dem Auto, und daher fahren wir bis zum Hafen im Tempo der Schafe. Dr. King steht schon da mit seiner kleinen Tasche, die Stethoskop und Ohrlampe enthält. Er sagt, es gebe alarmierend viele neue Fälle von Schwindel, ein seltsamer Zustand, der nach Ansicht der Einheimischen durch übermäßigen Teekonsum verursacht wird. Andere behaupten, das Leben auf einer Insel lasse einem den Kopf schwirren, und keine der bekannten Behandlungsmethoden könne dem beikommen. Es sei Höhenangst, die Angst zu fallen, die Angst, den Kontakt zum Festland zu verlieren.

Auf der Rückfahrt kommen wir dicht am Leuchtturm von Clare vorbei, der hoch oben am Rand der Insel steht. Er ist außer Betrieb und wird nur gelegentlich von einer reichen Erbin aus Meath bewohnt. Er ist von satellitengesteuerten Navigationssystemen und einem auf Meereshöhe gebauten Leuchtturm auf Achill Beg ersetzt worden. Beim Anblick des Leuchtturms auf Clare Island, der seinen Strahl vom Himmel auf sie herabschickte, glaubten die Menschen an Bord der Schiffe angeblich immer, das Land stiege plötzlich an, und sie würden sinken. Der

Turm ragt hoch über den Wellen auf, die sich unten schäumend brechen. Er ist der höchste Leuchtturm Irlands, ein Leuchtturm, dem schwindlig ist und der sich nach den Tagen sehnt, als er noch quer über die Bucht bis nach Achill leuchtete, wo die Leute in Dooagh vor dem Kino standen und darauf warteten, dass der Priester kam und der Film endlich beginnen konnte. Als wir im Hafen von Cloghmore ankommen, sind die Kutter voller Fische. Kleine Kräne heben Hunderte von ihnen auf einmal an und lassen sie wie frisch geprägte Silbermünzen in Kisten auf dem Pier fallen. Gabelstapler bringen die Kisten zu den wartenden Lkw. Jim drückt einem jungen, muskulösen Fischer aus Litauen einen Fünf-Euro-Schein in die Hand, und wir füllen ein paar Plastiktüten mit zappelnden Makrelen.

9

Betrachtungen über den irischen Regen

Auf Satellitenbildern kommt der Regen immer von Irland. Den Iren wird die Schuld für die langen Wolkenwirbel in die Schuhe geschoben, die vom Atlantik herantreiben und sich über ganz Europa ausbreiten. Manchmal ähneln diese Wirbel dem Hinterkopf eines Mannes, dessen dichtes, graues Haar sich kreisförmig ausbreitet und hinter den Ohren verschwindet. Und tatsächlich gibt es in Irland so viele Arten von Regen wie Haarschnitte – er fällt in Wellen, schräg oder horizontal, er fegt um die Ecken und prasselt vom Boden aufwärts. Es gibt Nebelregen. Irokesen-Regen. Regen mit Locken wie auf einer Rinderstirn. Regen, der über eine trockene, kahle Stelle peitscht. Regen, der vom Wind obengehalten wird und nicht fallen will. Ich habe Menschen von feuchtem Regen sprechen hören, von weichem Regen und hartem Regen, von pissendem Regen und penetrantem Regen. Von Regen, der Mänteln den Geruch alter Suppe entlockt. Regen, der die Scheibenwischer wie eine Boy Group tanzen lässt. Regen, der hypnotisiert, und Regen, der sanft auf den Rücken eines Pferdes fällt, das still und einsam unter einem Baum steht.

Manchmal erfährt man gar nicht, wie das Wetter in Irland ist, weil einige Fernsehsender in Großbritannien immer noch glauben, es halte an der Grenze Nordirlands, ungefähr so, wie das Wetter früher hinter der anderen Seite der Berliner Mauer verschwand. Der vom Ozean kommende Regen ist froh, nach einer so langen Seereise endlich auf Land zu stoßen. Hier fühlt er sich heimisch und trommelt aus Leibeskräften auf die Häuser. »Soll der Regen doch auf sie niederprasseln«, sagte ein irischer Emigrant einmal unwirsch zu dem Schriftsteller John McGahern. »Soll der Regen auf sie niederprasseln, bis ihre Häuser in den Fluten absaufen.« Das war der klassische Fall eines Emigranten, der den Gedanken an die Heimat nicht erträgt und sein eigenes Land verflucht, um den Schmerz des Verlustes zu lindern.

Die Iren können dem Regen nicht entfliehen. Sie können ihn leugnen, soviel sie wollen, sie können Grundbesitz in Spanien erwerben, sie können das ganze Jahr lang in Sonnenstudios rennen, sie können sich mit Bräunungscreme einreiben, bis ihre Beine aussehen wie geräucherter Dorsch, aber sie werden den Regen nicht aus dem Kopf bekommen. Sie können so tun, als lebten sie in einer Gesellschaft der Straßencafés, und ihre Nacken unter den Wärmestrahlern vor den Restaurants grillen. Sie können sich in Einkaufszentren herumtreiben, ohne je in Berührung mit den Elementen zu kommen, aber den Regen werden sie damit nicht los. Zum Iren gehört es, dass er klitschnass wird, dass ihn der Regen voranpeitscht, dass er todunglücklich über das Wetter ist, die Sonne als Segen empfindet und inbrünstig hofft, am Tag der Hochzeit vom Regen verschont zu bleiben.

Vielleicht liegt es daran, dass die Iren nicht an wetterfeste Regenkleidung glauben. Den Unterschied zwischen Winter und Sommer in Irland erkennt man daran, heißt es, ob jemand den Kragen hochschlägt oder nicht. Oder vielleicht heißt es heute eher, ob die Kapuze am Pullover, hier *hoody* genannt, über den Kopf gestülpt ist oder nicht. Am Straßenrand liegen kaputte Regenschirme wie böse

Omen. Anstatt den Regen als Tatsache anzuerkennen, haben die Iren drinnen Schutz gesucht und ein öffentliches Wohnzimmer namens Irish Pub erfunden, das als Exportgut in alle Welt geht. Man redet viel über den Mangel an Sonnenlicht und eine Form von Melancholie, die durch die trüben Himmel des Nordens verursacht wird. Die Iren haben jede Menge davon. Große, schwere Vorhänge aus Klimapessimismus. Kein Volk in Europa ist bleicher, großäugiger und sonnenhungriger als die Iren, deren Kultur gleichermaßen vom Regen wie von der Geschichte geprägt worden ist.

Der Regen kann tagelang fallen, aber erhöht das nicht den Wert der guten Tage? Ist das nicht der Grund, weshalb die Iren den fehlenden Sonnenschein seit jeher durch Musik, Geschichten und Volksaufstände ersetzt haben? Hat die Sehnsucht nach Licht nicht den Drang zum Feiern in ihnen geweckt, trotzen sie nicht genau deshalb den Wolken und suchen nach Orten der Phantasie, an denen sie das Wetter hinter sich lassen können? Hat sich das Leben der Menschen nicht schon immer in den Pausen zwischen den Regengüssen abgespielt? Und fängt der Ärger nicht stets damit an, dass die Menschen versuchen, das Glück einzufangen, und sich an das gute Wetter klammern?

Es gibt einen Hamburger Architekten, der jetzt am Rand des Atlantiks lebt, wo er einen der großartigsten Ausblicke der Welt genießt. Er kam eines Sommers mit seinen Kollegen zur jährlichen Vollversammlung seines Architekturbüros nach Irland. Auf einer Spazierfahrt längs der Küste kamen sie an einer Ansammlung verlassener, aus Stein erbauter Cottages vorbei, die direkt am Meer standen. Dort setzten sie sich hin, tranken gemeinsam eine Flasche Whiskey und unterhielten sich über ihr Leben. Der Tag war so schön, dass einer von ihnen fragte: »Wie wäre es, hier zu leben und zu sterben?« Das war eine umwälzende Entscheidung. Sie kauften die verlassenen Cottages und siedelten mit dem gesamten Architekturbüro und ihren Familien an einen der entlegensten und unberührtesten Orte Europas um. Die moderne Technik ermöglichte es ihnen, wie gewohnt ihre Arbeit zu machen und das Leben, das sie in Hamburg geführt hatten, hier an der äußersten Westküste Irlands fortzusetzen. Sie renovierten die Häuser originalgetreu und ohne das äußere Erscheinungsbild zu verändern. Sie wollten sogar unbedingt die alten Steinruinen auf dem Land stehen lassen, die sie laut der Baubehörde von Mayo hätten abreißen müssen, um eine Baugenehmigung zu erhalten. Nun ist diese Ansammlung von Cottages durch deutsche Familien und deutsche Kinder wieder zum Leben erwacht.

Als ich unterwegs war, um dem Hamburger Architekten einen Besuch abzustatten, regnete es. Er bot mir Wein an und führte mich durch das Haus. Er hatte zwei Cottages durch eine gewölbeartige, an eine Kathedrale erinnernde Decke miteinander verbunden. Von außen mochte das Haus wie ein schlichter, irischer Steinbau aussehen, aber das Innere wirkte sehr deutsch. Es war schwer zu sagen, in welchem Land man sich befand, wenn man die steil abfallenden Felsen vor dem Fenster sah und den Blick dann durch das Haus gleiten ließ, in dem überall solide, aus dem fernen Hamburg herbeigeschaffte Eichenmöbel standen. Schwere Eichenkästen, Eichenbetten, alte Landkarten und Drucke von Jagdszenen, eine Piratentruhe, Trinkpokale, Schwerter, eine mittelalterliche Ritterrüstung. Auf dem massiven Eichentisch stand eine Glaskaraffe, und es gab eine riesige Bibliothek mit Blick auf den zinngrauen Oze-

an. Die klösterlichen Steinplatten hatten die gleiche Farbe
wie der Himmel, nur dass sie durch die Fußbodenheizung
warm waren. Mit den bauschigen Vorhängen vor den
Fenstern und dem riesigen Kamin, der aus dem Speisesaal
einer Burg zu stammen schien, hatte die Inneneinrichtung
fast etwas Gotisches. Hechtköpfe ragten von den Wänden.
In einer Ecke lehnte ein Ruder. Und ein großer Fernseher
mit Flachbildschirm sorgte dafür, dass man nicht nur sehen konnte, wie der echte Regen vom Atlantik kam, sondern im deutschen Fernsehen zugleich auch die entspre-
chenden Satellitenbilder.

Der Tag war lausig. Gegen den Regen war man machtlos.
Dieses Haus erwischte er als allererstes, und es blieb einem
nichts anderes übrig, als sich miteinander zu unterhalten
und zu beobachten, wie die Tropfen an den Fensterscheiben hinabrannen. Oder dem Regen zu lauschen, der sich
anhörte wie kreisende Räder und draußen in den Gullys
zusammenfloss. Man konnte in einem Traum versinken
und sich den nicht mehr ganz so fernen Tag vorstellen, an
dem das Wasser so kostbar wäre wie Öl und die Iren zwar
zuletzt, aber am besten lachten, weil sie die neuen Wasser-
scheichs waren. Als ich aufbrach, hatte sich das Regenwas-
ser in einem großen Teich vor der Haustür gesammelt. Vor
der Schwelle hatte sich ein milchigbrauner See gebildet,
und ich musste im Flur Anlauf nehmen, um darübersprin-
gen zu können. Selbst der große, deutsche Architekt schien
die Waffen gestreckt und sich dem Wetter ergeben zu haben. Er lachelte und zuckte mit den Schultern. Der Fluch
des Emigranten hatte die Heimat erreicht, und die Häuser
begannen, in den Fluten abzusaufen.

10

Das Mädchen mit den Augen von Vivien Leigh

Am Ende blieb sie doch nicht bei der Post. Die Zukunft von Siobhan, dem ältesten Kind von Mrs. D., schien so fest vorgezeichnet gewesen zu sein, aber dann kam alles ganz anders. Das Mädchen mit den Augen von Vivien Leigh verkaufte nicht ihr Leben lang Briefmarken, bediente den Klappenschrank und drückte das Petschaft mit der irischen Leier in den weichen Siegellack. Heute kann man nicht mehr ganz nachvollziehen, dass es einst ein ungeheures Glück bedeutete, eine Stelle bei der Post zu haben, und die Post befindet sich auch nicht mehr dort, wo sie früher war. Das kleine, weiße, mit Zinnen geschmückte Gebäude mit Blick auf den Strand von Keel beherbergt nun eine Drogerie. Außerdem hat die Post nicht mehr den Stellenwert wie damals, als die Emigranten noch englische Pfund oder amerikanische Dollar nach Hause schickten. Wenn überhaupt, dann fließen Geld und Tränen jetzt in die entgegengesetzte Richtung, in die Heimatländer der neuen Wirtschaftsflüchtlinge, nach Polen, Litauen oder Kolumbien.

Sicher war nur, dass Siobhan eines Tages heiraten würde, wenn auch nicht den jungen Mann, der vor fünfzig Jahren so lange auf dem Tresen des Postamtes saß, die Beine baumeln ließ und über das Wetter sprach. Statt dessen heiratete sie jemand anderen, und das nahm eines Samstagabends ganz unerwartet seinen Lauf. Sie hatte das Postamt längst zugemacht und half in der Pension ihrer

Mutter, als am späten Abend zwei junge Männer herein-
schneiten, die noch etwas essen wollten. Sie waren lange
zu Fuß unterwegs gewesen, angeblich den ganzen, weiten
Weg von Newport. Eigentlich war schon alles abgeräumt,
aber Mrs. D. hatte Mitleid mit ihnen. Anfangs ärgerte sich
Siobhan, denn sie hatte sich schon für den Tanz im Hotel
schick gemacht und musste nun noch Sandwichs schmie-
ren. Aber dann stellte sich heraus, dass einer der beiden
jungen Männer ziemlich gut aussah, und schließlich gingen sie gemeinsam zum Tanz. Erst dort fand Siobhan heraus, dass die beiden gar nicht aus Newport waren. Das hatten sie nur gesagt, um etwas zu essen zu bekommen. Sie
kamen von Achill, aus Saile, gleich um die Ecke. Und so
geschah es, dass Siobhans Leben eine andere Wendung
nahm, weg vom Postamt und hin zu etwas, mit dem sie
nie gerechnet hätte.

Siobhan war schon immer eine gute Sängerin gewesen
und spielte Gitarre. Als sie in den Siebzigern gemeinsam
mit Ronnie Drew, einem der berühmten Dubliners, dem
Balladensänger mit den blauen Augen und der tiefen Stimme, im Fernsehen auftrat, genoss sie kurz so etwas wie Be-
rühmtheit. Wenn sie daran zurückdenkt, lächelt sie und
schüttelt peinlich berührt den Kopf. Ausgerechnet sie hatte man eingeladen, um vor dem ganzen Land im Fernsehen Lieder wie »She Moves Through the Fair« zu singen.
Fast könnte man meinen, damals wäre alles möglich gewesen. Vielleicht wäre sie eine berühmte Folksängerin geworden und durch die ganze Welt getourt. Wer weiß? Aber
dann verlief ihr Leben auf seine ganz eigene, natürliche
Art. Eine Weile dürfte es wohl so ausgesehen haben, als
wäre sie eines der Kinder, denen später nur die Auswanderung blieb. In ihren ersten Ehejahren ging sie mit ihrem

Mann nach Birmingham, aber nach einer Weile kehrten sie nach Achill zurück, um sich um seine Mutter zu kümmern und den Bauernhof zu bewirtschaften. Nun haben sie sechs Kinder. Er arbeitet im Baugewerbe, und sie führt im Sommer ihre eigene Pension.

Siobhan hat immer noch die strahlend blauen Kinoaugen von einst. Ihre Tochter Moya hat ihre Vivien-Leigh-Augen geerbt. Sie studiert Marketing an der Galway University und kommt im Sommer immer nach Hause, um in der gleichen Pension zu arbeiten, in der ihre Mutter ihrem zukünftigen Ehemann spätabends noch Sandwichs machte, der gleichen Pension, in der ihre Großmutter der Familie Böll Sandwichs servierte. Siobhan muss lachen, wenn sie daran denkt, wieviel sich seitdem durch den Fortschritt auf Achill verändert hat. Ihre Tochter Moya hat ihr eine Geschirrspülmaschine gekauft. Die Maschine stand ein Jahr lang nutzlos herum, so als könnte Siobhan nur schwer von ihrer alten Lebensweise lassen. Was sollte man mit der eingesparten Zeit anfangen? Siobhan ließ die Maschine erst anschließen, als Moya im Sommer aus Galway nach Hause kam, denn sie wollte ihre Tochter nicht beleidigen. Nun lacht sie und sagt, dass eine Geschirrspülmaschine nicht reiche, denn eigentlich brauche man zwei, eine für das saubere Geschirr, eine für das dreckige.

Am Ende ist keines der zehn Kinder von Mrs. D. ausgewandert. Von Siobhans eigenen sechs Kindern hat bisher nur eines das Land verlassen, ihr ältester Sohn Joseph, der in den achtziger Jahren in die USA gegangen ist. Sie kann sich noch daran erinnern, den Antrag für die Green Card ausgefüllt zu haben, und vermutlich wünschten sich alle bis zur letzten Sekunde, dass der Bus ausbliebe und Joseph nicht fortginge. Die Auswanderung ist vermutlich immer noch ein heikles Thema. Nach Josephs Abreise weinte Siobhans Mann eine ganze Woche lang. Joseph dient jetzt bei den Marines und ist mit seiner Frau und den zwei kleinen Kindern in Japan stationiert. Siobhan überlegt immer wieder, ihn trotz des langen Fluges zu besuchen, aber ihr Mann kann sich nicht dazu durchringen, denn er hat offenbar einen dauerhaften Widerwillen gegen das Verlassen des Landes entwickelt. Die anderen Kinder kommen oft zu Besuch, aber der abwesende Sohn beschäftigt die Gemüter, und alle zittern bei dem Gedanken an eine Versetzung in den Irak.

Angeblich ist jeder Zukunftsentwurf nur eine Verlängerung der Gegenwart, denn die wahre Zukunft ist und bleibt unvorstellbar. Wer hätte gedacht, dass irgendwann junge Menschen nach Achill emigrieren würden, um dort auf Baustellen zu arbeiten? Siobhan erzählt von den jungen Polen, die man inzwischen in Sweeney's Lebensmittelladen trifft. Allesamt wunderbare Kerle und ganz wie die Männer von Achill. Manche haben Heimweh und möchten zurück. Manche möchten bleiben und sich hier niederlassen, eine Zufallsbekanntschaft machen und heiraten. Siobhan spricht von ihnen, als gehörten sie zur Insel. Sie berichtet von der Tragödie eines jungen, polnischen Arbeiters, der von den Klippen zu Tode stürzte. Er war gekommen, um in der Firma eines Elektrikers in Dookinella zu arbeiten. Er war ein Jahr lang hier und hatte das Leben auf der Insel sehr gemocht. Er überredete seine polnischen Freunde, ihn zu besuchen. Er zeigte ihnen die Landschaft und die Wellen, die unterhalb der Klippen tosten. Sie unternahmen Wanderungen am Strand und in den Mooren. Und als er am Tag vor der Abreise seiner Freunde noch ein letztes Foto machen wollte, trat er einen Schritt zuviel zurück und stürzte in die Tiefe. Dieser Unfall ist eine der großen Tragödien von Achill geworden, die man genausowenig vergessen wird wie all die ertrunkenen oder auf Baustellen in England ums Leben gekommenen Männer von Achill. In ihr vermischen sich die Tränen von Achill mit den Tränen Polens.

11

Wenn Seamus einen trinken will

Wenn Seamus einen trinken will, wird er sagen, er sei so durstig, dass er einen Swimmingpool aussaufen könnte. Er wird sagen, er werde ein Pint killen. Er wird sagen, er werde dieses Pint so rasant leeren, wie es einem Menschen nur möglich sei. Früher fand das Trinken im Verborgenen statt und war etwas, das man mit viel Geschick für Heimlichtuerei und unter absurden Ablenkungsmanövern erledigte. Man verbarg sich hinter Zeitungen, hinter Witzen und Tratsch. In Irland gab es eine ganze Reihe inoffizieller Trinkregeln, einen Code für die Praxis des Alkoholkonsums, ähnlich den unausgesprochenen Gesetzen zur Intimsphäre – etwa, wann man einen Mann ansprechen durfte, der ganz in sein Pint vertieft war. Einen Mann, der ganz in sein Pint vertieft war, sprach man an, indem man zuerst mit dem Barmann redete. Man unterhielt sich mit ihm auf dem Umweg über den Barmann. In manchen Gegenden nannte man den Pub Kirche und den Barmann Vikar. Von der Straße aus war der Blick in den Pub versperrt, und daher konnte sich ein ganz in sein Pint vertiefter Mann vollkommen sicher sein, dass er den Passanten verborgen blieb. Inzwischen hat sich viel verändert, und alles findet in der Öffentlichkeit statt. Sauftouren sind hier recht populär, und viele irische Wirte haben klare Fensterscheiben einsetzen lassen, damit man sehen kann, was drinnen passiert. Jetzt kann man zuschauen, wie Seamus lacht und sagt: Hier sitze ich und zische ein riesiges Bier, na und?

Moroney's Bar hält an der Tradition fest und ist außen rot gestrichen. Man kann nicht hineinschauen, und der Raum ist noch in kleine, stille Sitzgruppen gegliedert. Einige Touristen sind da, um den Musikern in der Ecke zuzuhören, einem Banjospieler und einem Akkordeonspieler, die wie Brüder wirken. Laut des Barmanns sind sie gar keine Brüder, haben aber von Kindesbeinen an zusammen musiziert und einander immer wie Brüder verstanden.

»Sie kommen sehr gut miteinander klar«, sagt er mit seinem County-Clare-Akzent, »nicht mehr und nicht weniger.«

Der Akkordeonspieler trägt ein rotes Hemd mit der Nummer 9 und dem Namen Ronaldo auf dem Rücken. Der Banjospieler ist der ältere von beiden, und vielleicht ist er der Boss. Man hat mir erzählt, dass in der traditionellen irischen Musik eine unausgesprochene Hierarchie herrscht. Es mag manchmal etwas arrogant wirken, aber in der Musik gibt es eine Rangfolge der Könnerschaft, und die besseren Musiker stehen immer über den weniger guten. Unter den Musikern wird so geregelt, wer die Reihenfolge der Stücke bestimmen darf. Wer zuerst spielen darf und wie lange. Im Grunde ist es ein Krieg der Höflichkeit, der es einem neuen Mitspieler zwar gestattet, mit seinem Können zu glänzen, ihm aber nicht erlaubt, sich in das Rampenlicht zu stellen. Jeder weiß, wer die wahren Meister sind. Ich habe gehört, wie man einen bekannten Akkordeonspieler als Tippse verunglimpfte. Ich habe gehört, wie man einen berühmten Flötenspieler als zweite Liga bezeichnete. Ich habe gehört, wie man einem großartigen Geiger vorwarf, er bilde sich ein, die irische Musik erfunden zu haben. Im Geschäft mit der traditionellen Musik und der Folkmusik gibt es viel Gehaue und Gesteche, aber auch viele Scherze. Auf der einen Seite loben die Leute, auf der anderen Seite nehmen sie ihr Lob zurück, und vielleicht ist das ja der Grund, weshalb diese Kunst nicht altert.

Hinter der Bar liegen ungefähr fünf Fernbedienungen, und der Barmann sagt, jede sei für einen anderen Sportkanal. Der eine Gast wolle Rugby sehen, der andere Hurling. Der eine Gast wolle Fußball sehen, der andere Nachrichten. Doch im Augenblick sind alle Fernseher aus, und die Musik beherrscht den Pub mit ein paar flotten Reels. Der Barmann erklärt mit leisem Grinsen, er brauche eine extra Fernbedienung, um die Musiker anzuschalten.

Auch die Einheimischen in der Bar haben ihre eigenen Regeln. Regel Nummer eins lautet, dass man immer so tun muss, als wäre der gerade erzählte Witz ein alter Hut. Man sieht zu, dass man weder Überraschung noch Begeisterung zeigt. Als uns einer der Männer fragt, ob wir singen können, schütteln wir den Kopf und fragen ihn, ob er denn singen könne. Die Gespräche werden elliptisch. Sie drehen sich im Kreis wie eine Drehtür. Die Fragen und Antworten fliegen hin und her, als gehörten sie zu einer Liturgie, die jeder auswendig kennt.

»Ich kann sogar am Fenster singen, wenn du mir hilfst.«

»Kennst du denn alle Strophen?«

»By the time I get to Phoenix. Bis dann habe ich den Text ganz bestimmt komplett vergessen.«

Die Musiker spielen weiter, und jedesmal, wenn sie mit einem neuen Reel beginnen, werden sie schneller. Der Boudhran-Spieler schlägt mit den Stöcken gegen die Seite der Trommel, was sich anhört, als schlüge man auf dem Friedhof mit Knochen auf einen Sarg. Dies wird meist *a bit on the side* genannt und überbrückt die Zeit, bis wieder

der sattere Klang von Trommelstock auf Bespannung ertönt. Der Banjospieler nickt dem Gitarristen zu, damit dieser weiß, wann er zu G-Dur wechseln muss. Noch während er wie wild spielt und sich dem Höhepunkt des Reels nähert, teilt er dem Akkordeonspieler den Titel des nächsten Stückes mit: »The Bucks of Oranmore«. Dafür reicht ein Wort, er muss nur »The Bucks« sagen, ein altes Wort für einen Dandy oder einen gutgekleideten jungen Mann, der wichtigtuerisch durch die Stadt stolziert.

Die dicht vor den Musikern sitzenden Mädchen wissen, wann man reden darf und wann man besser zuhört. Eine von ihnen kehrt frisch parfümiert aus der Damentoilette zurück und schickt ein Duftsignal durch die Bar, das an ein überlaufendes Schaumbad erinnert. Am Ende der Bar gibt es einen Raucherbereich, in den die Gäste ab und zu verschwinden. Durch Fenster und Glastür können wir sehen, wie die Leute unter einem Vordach aus Plexiglas sitzen und rauchen. Laut Gesetz befinden sie sich jenseits von Ausgang oder Notausgang nicht mehr im Pub. Trotzdem hat man dort Tische mit Aschenbechern aufgestellt, und am Rand des Vordachs hängen Ketten mit grünen Glühlampen für den Saint Patrick's Day, vielleicht auch für das Weihnachtsfest. Wenn man jemandem sagt, sein Pint komme bald, besteht die automatische Antwort in dem Satz: »Weihnachten auch.«

Schließlich gibt jemand das Zeichen für ein Lied. Während der Pause fragt ein junger Mann an der Bar die Touristen, woher sie kommen. Albuquerque? Oklahoma? Massachusetts? Und der junge Mann schmettert plötzlich: »When the lights all go down on Massachusetts ...« Aber dann verstummt er unvermittelt, weil er noch kein grünes Licht zum Singen bekommen hat, und vielleicht ist es gar nicht das Lied, mit dem er beginnen wird. Es war nur eine Stimmprobe.

Als die Musiker wieder zu ihren Instrumenten zurückkehren, hat sich der junge Mann schon zu ihnen gesetzt. Während sie ein paar Melodien anreißen, rutscht er nervös auf dem Stuhl herum, weil er auf die Erlaubnis für seinen Auftritt wartet, darauf, dass der Banjospieler ihm zunickt und sagt, nun sei es Zeit für ein Lied. Der Mann, der den Boudhran spielt, hält seinen Trommelstock wie ein Mikrophon vor den Mund des Sängers. Aber dann ist genug gescherzt worden, und er ist endlich an der Reihe. Seine Stimme ist engelsgleich, vollkommen, ein Jungensopran.

»I met my love in the month of May, when the balmy winds were blowing around Craigmore.«

Im Pub wird es still, alle lauschen dem Text. Sie schwelgen in ihren eigenen Erinnerungen an Tage im Mai. Er singt sich das Herz aus dem Leib, aber dann hat er plötzlich den Text vergessen und wiederholt die Strophe. Er kann sich nicht mehr konzentrieren, aber niemand verurteilt ihn dafür. Man sieht über seinen Patzer hinweg und sagt, er werde mit Sicherheit ein Profi werden, aber leider. Er werde zweifellos bei Westlife mitsingen, aber leider. Er hat eine Stimme, und die Musiker soufflieren ihm geduldig und leiten ihn zur nächsten Strophe. Doch er kehrt immer wieder zur ersten Strophe zurück, als hätte er selbst nichts gemerkt. Was für ein Jammer, sagt man, denn er sei doch ein so großartiger Sänger. Er könnte Platten aufnehmen, aber leider. Doch hier in Moroney's Bar bietet man ihm den Ort und die Gelegenheit, zu singen und einen Abend lang berühmt zu sein, so als herrschte unter Musikern eine Basisdemokratie, die jedem einmal einen großen Auftritt beschert. »I met my love in the month of May, when the balmy winds were blowing around Craigmore.« Der Sänger beginnt noch einmal von vorn, als wollte er nicht von dem Moment lassen, in dem er seiner Liebe zum ersten Mal begegnet ist, als wollte keiner der Gäste im Pub von der Erinnerung an diesen wunderbaren Augenblick im Leben lassen.

Die Musiker spielen noch eine Reihe flotter Reels, und der junge Sänger tappt im Rhythmus mit dem Fuß und lächelt die Mädchen an. Die Musiker kennen die Regeln und wissen, wann die Zeit für das letzte Stück gekommen ist. Sie hören, wie der Barmann mit zwei leeren Gläsern das Ende des Abends einläutet. Niemand mag die Worte »letzte Runde« in den Mund nehmen. Die Musiker werden einfach aufhören zu spielen, als hätte man sie mit der Fernbedienung ausgeschaltet. Sie werden ihre Instrumente in die Koffer packen und noch eine Weile reden. Seamus wird den letzten Schluck Bier trinken, und wenn er geht, wird der Barmann ihm einen Klaps auf die Schulter geben und die Tür des Pubs hinter ihm schließen.

12

Blick ins Feuer

Ins Feuer zu blicken bedeutet, in die Vergangenheit zu blicken. Man schaut in die Flammen und vergisst, wo man sich befindet, wie spät es ist, wie alt man ist und in welchem Jahrhundert man lebt. Man sieht dem Rauch zu, der genauso aufsteigt wie seit Hunderten von Jahren. Der Wind drückt eine Rauchschwade im Schornstein nach unten, und das ist wie ein stummer Husten. Die Flammen fressen sich in die Torfstücke, und an den Wänden tanzen plötzlich große Schatten – Stühle, Tische und auch der Umriss der eigenen, gebeugten Gestalt flackern durchs Zimmer. Man spürt die Hitze an den Fußsohlen, sitzt da und betrachtet das glühende Feuer, bis der Berg von Torfklumpen allmählich in sich zusammensinkt. Man wirft ein Torfstück nach und schürt das Feuer und ist jemandem mit einer Fernbedienung in der Hand gar nicht so unähnlich. Man wird jeden guten Rat als Einmischung betrachten, denn dieses Feuer gehört einem ganz allein, und man weiß selbst, wie man es am besten am Brennen hält.

Dies ist die Woche, in der Pater Alex Reid, der berühmte Architekt des Friedensprozesses in Nordirland, die Protestant Unionists mit den Nazis verglichen hat. Das war natürlich eine voreilige Bemerkung, die nach hinten losging und dem Friedensprozess nicht gerade förderlich war. Die Northern Protestants waren erbost, und sie haben diesen Ausrutscher nie vergessen, obwohl Pater Reid seine Worte zurücknahm und sich entschuldigte, genau wie die Präsi-

dentin Irlands, Mary MacAleese, ihren Nazi-Vergleich zurücknahm, den sie im Vorjahr bei einem Besuch in Ausch-
witz in bezug auf die Protestant Loyalists gezogen hatte.

Wir leben im Zeitalter der Nachsichtigkeit, dem Zeitalter der Entschuldigungen, dem Zeitalter der Kompro-
misse. Wir sagen etwas und nehmen es dann zurück. Wir
tun etwas Schlimmes, entschuldigen uns dann dafür und
sagen, wir hätten uns geändert. Am anderen Ende der Straße, in der Minaun Bar, wird immer noch die irisch-repu-
blikanische Bewegung verherrlicht. Dieser Pub ist Achills
Museum des Patriotismus und all der Freiwilligen, die für
Irland gestorben sind: Sean South, Kevin Barry und Bobby
Sands, der Hungerstreikende. Dieser Pub ist ein Schrein
für Revolutionäre aus aller Welt. Bilder von Michael Col-
lins und Gerry Adams hängen neben Bildern von Che
Guevara und Fidel Castro, und man fragt sich unwillkür-
lich, ob Irland nicht irgendwann ein zweites Kuba hätte
werden können, verfemt und verarmt, weil es gewagt hat,
der freien Welt des Kapitalismus zu trotzen. Die Wand hinter der Bar ist mit Erinnerungsstücken an die Auseinandersetzungen in Irland dekoriert: Flaggen, Mementos,
kleine Armelite-Gewehre, von Republikanern im Gefängnis von Long Kesh aus Holz geschnitzt. Philomena, die
Wirtin des Pubs, trägt beim Servieren der Pints eine Hose
mit Tarnmuster und schwere Militärstiefel. Sie führt immer noch das republikanische Gerede im Mund und legt
republikanische Lieder auf wie »The Town That I Loved
so Well«. Über der Bar hängt ein Schild mit der Aufschrift:
»Behalt alles für dich, was du in dieser Bar hörst.« Als Ka-
merun bei der Weltmeisterschaft gegen England spielte,
hat sich Philomena angeblich das Gesicht schwarz ange-
malt. Doch als ich letztens auf einen Drink im Minaun

war, fiel mir der Geruch eines Duftsprays oder Desin-
fizierungsmittels auf. Ein sehr starker Kiefernduft, in den
sich ein Hauch irgendeiner ätzenden, chemischen Zutat
mischte. Der Boden war gewischt worden, und man hatte
fast den Eindruck, als wäre der Geruch des Desinfektions-
mittels inzwischen ein Kennzeichen des irischen Friedensprozesses. Vielleicht reinigt man die Vergangenheit jetzt
von allen Grausamkeiten. Die Keime der langen gewalt-
tätigen Geschichte sind abgetötet, und das Minaun ist zu
einem Museum der früheren bewaffneten Auseinandersetzungen geworden.

Kürzlich erzählte mir ein Mann in London eine Geschichte, die die Spaltung Irlands in zwei sektiererische
Teile, einen mehrheitlich katholischen und einen mehrheitlich protestantischen, auf den Punkt bringt. Der Vater
dieses Mannes war Verlagsvertreter und reiste in den Fünf-
zigern regelmäßig nach Dublin, wo er Romane und andere Bücher verkaufte, die nicht von der strengen Zensur
des katholischen Regimes der Republik verboten worden
waren. Er konnte sich erinnern, durch die Straßen Dublins
gelaufen zu sein, während sein Vater seiner Arbeit nach-
ging. Damals war Irland viel verwahrloster und ärmer. Er
erzählte mir, dass sein Vater ihn einmal im Bahnhof in der
Amien Street gelassen habe, damit er sich die Züge anschauen konnte. Er wollte den Belfast Enterprise sehen.
Und eines Nachmittags sah er dort einen Priester, der mit
einem Messingeimer voll Weihwasser über den Bahnsteig
lief. Der Priester sprach ein Gebet und segnete den Zug
mit einem Sprenkler, wie er zur Segnung eines Sargs benutzt wird, der in das Grab gesenkt wird. Bevor der Zug
den Bahnhof verließ und zurück nach Norden fuhr, segnete ihn der Priester wie einen Sarg. Genau dieser Belfast

Enterprise brach ein paar Jahre später ironischerweise den katholischen Bann und brachte eine neue Art von Freiheit mit, weil eine Gruppe aufmüpfiger Frauen darin von Dublin nach Belfast fuhr und mit Verhütungsmitteln zurückkehrte, die damals in der Republik verboten waren.

Ich selbst war erst kürzlich in Nordirland, in Coleraine, um genau zu sein, hinter Belfast im County Antrim. Dort gibt es eine sehr große Universität, eine der besten des Landes. Ein dortiger Dozent erzählte mir, dass man einmal Heinrich Böll zu einem Vortrag eingeladen hatte, doch er hatte abgelehnt. Wie mir berichtet wurde, machten sich viele andere deutsche Schriftsteller, darunter Ulrich Plenzdorf, Walter Kempowski und Martin Walser, in den Siebzigern auf die Reise dorthin. Bölls Freund und Zeitgenosse, der große deutsche Künstler Joseph Beuys, nahm eine Einladung zu einem Besuch in Coleraine an, weil er darin eine Gelegenheit sah, den Nordiren einen Ausweg aus ihrem Konflikt zu weisen. Er brachte ein gutes Dutzend Schultafeln mit, auf denen er durch Worte und Symbole seine Philosophie der Erneuerung erläuterte. Nach der Veranstaltung blieben die Tafeln zunächst stehen, damit man sie lesen und studieren konnte, aber schließlich verschwanden sie. Einer der Dozenten in Coleraine besprühte sie mit Lack, um die Kreideschrift zu erhalten, und nahm sie mit nach Hause. Wer weiß, wo sie jetzt sind, die Schultafeln mit den deutschen Friedensbotschaften. Anders als Beuys weigerte sich Böll, nach Coleraine zu kommen. Das hatte nichts damit zu tun, dass ihm der Nobelpreis verliehen worden war, dass er zuviel zu tun hatte oder dass Coleraine zu weit weg war. Damals hielt er sich regelmäßig in Irland auf und hätte leicht mit dem Auto von

Achill aus hinfahren können. Statt dessen bedankte sich Böll für die Einladung und sagte, in einem faschistischen Land könne er keinen Vortrag halten.

Ich schaue in das Feuer und frage mich, ob man seinen Brief aufbewahrt oder vernichtet hat. Ich stelle mir vor, wie höflich er sich ausdrückt, um schließlich doch das F-Wort zu benutzen. Ich schaue in das gleiche Feuer, in das Böll hier in Dugort vor fünfzig Jahren geschaut hat. Das einzige, was sich seither bewegt hat, ist die Zeit. Ich bin ein Stück weiter auf dem Bogen der Geschichte, weiter weg vom Faschismus, weiter weg von den Unruhen, dichter an der nächsten Katastrophe weltweiten Ausmaßes, aber ich schaue trotzdem in das gleiche Feuer. Die Kaminöffnung schmückt immer noch der weiße Rundbogen mit den drei schlichten farbigen Fliesen, die man in den Putz gesetzt hat. Der Torf stammt aus dem gleichen, ungefähr dreitausend Jahre alten Moor. Er ist in Düngersäcke verpackt, und angeblich wird jeder Riegel beim Stechen, Trocknen und Stapeln mindestens siebenmal zur Hand genommen, bevor er im Feuer landet. Angeblich ist der Torf kein gutes Brennmaterial und wird bald nicht mehr zur Verwendung kommen, damit das Ökosystem der Moore erhalten bleibt. Der Mann, der den Torf bringt, tut dies als Gegenleistung für die Erlaubnis, ein Feld benutzen zu dürfen. Torf im Austausch für die paar Grashalme, die die Schafe zwischen dem üppigen Schilf finden. Ich schaue in das Feuer und sehe zu, wie sich die lebhaft an der Wand tanzenden Schatten verlangsamen und schließlich verschwinden. Ich sitze noch da, als das Feuer längst nicht mehr qualmt, die Glut erloschen ist und es nichts mehr außer der puderigen, gelben Asche gibt. Ich blicke ins Feuer, bis die Wärme nachzulassen beginnt und das Dunkel im Zimmer Einzug hält.

13

Der reglose Mann in der Camden Street

In der Saint-Patrick's-Kathedrale probte man Bach. Der Chor übertönte den Verkehrslärm mit der Johannes-Passion. Die Statuen, die in Reihen rings um den Altar standen, stimmten mit ein. Und auch die Ritter in Rüstung und die toten Seelen, die unter den grauen Steinplatten begraben lagen. Vermutlich begleitete sogar der alte Dean Swift, der unter dem Fußboden in seinem Grab schlummerte, die Musik mit einem tiefen Bariton. Einen Moment lang waren die Kathedralen von Leipzig und Dublin durch diesen deutsch-irischen Chor von Männern und Frauen vereint, die »Bist du nicht Jesus von Nazareth« sangen, während auf den umliegenden Straßen die Autos und Busse einen feinen Kontrapunkt brummten.

Ich hatte die Kathedrale verlassen, und in meinen Ohren klang noch der Chorgesang nach, da erblickte ich einen alten Mann, der sich über einen Mülleimer beugte. Er hatte eine Einkaufstüte aus Plastik auf die eine Seite des Eimers gestellt und seinen Stock in das runde Loch auf der anderen Seite gehängt. Sein Tabak lag oben darauf, und er drehte sich eine Zigarette und schaute durch eine große Brille mit viereckigen Gläsern dem Verkehr zu. Als ich über die Straße auf ihn zuging, sah er wie ein riesiges Insekt zu mir auf und sagte, ich bräuchte ihm nichts zu geben.

»Ich bin nicht obdachlos«, erklärte er.

Man hatte ihn schon mehrmals fälschlicherweise für einen Obdachlosen gehalten. Erst letzte Woche hatte jemand die Dreistigkeit besessen, mit dem Auto anzuhalten und ihm ein Sandwich anzubieten. Dabei wollte er einfach nur dastehen und dem Verkehr zusehen. Er war in diesen Straßen aufgewachsen, und als Junge hatte er sich an jedes Nummernschild erinnert, aber nun war die Stadt ein Tollhaus von Autos, die auf der Suche nach einem Parkplatz ständig im Kreis fuhren oder sich hoffnungslos in den Einbahnstraßen verfransten. Vor nicht allzu langer Zeit hatte er noch seinen Hund dabeigehabt, aber dieser war an Altersschwäche gestorben. Sein Hund hatte nie eine Pfote in ein Fahrzeug gesetzt und daher auch keine Ahnung, worum es sich bei diesen rollenden Objekten handelte, obwohl manchmal ein fremder Hund aus einem Autofenster schaute.

Dies war wirklich ein wunderbarer Ort, um einfach dazustehen und die hilflose Hast der Fahrer zu beobachten. Der Mann hier glich einem Schausteller, der in der Mitte eines unaufhörlich sich drehenden Karussells stand, während der Chor im Hintergrund weiter Bach sang. Autofahrer rollten vorbei, angetrieben durch Radiosendungen mit Hörerbeteiligung, durch Liebeslieder oder Werbung für Autokredite. Als sie uns reglos neben dem Mülleimer stehen sahen, schauten sie ungläubig drein und versuchten zu ergründen, was wir da trieben. Vielleicht waren sie aber auch wie betäubt und dachten gerade an gar nichts. In einer Stadt, in der soviel Bewegung herrscht, gab es nur eine Erklärung: Wir waren Obdachlose ohne Bestimmungsort. Auch ich war zu einem reglosen Menschen geworden, und wir glichen zwei Statuen aus der Saint-Patrick's-Kathedrale, die auf dem Bürgersteig standen und wie die Türen und Fenster der Gebäude hinter uns allmählich von einer Staubschicht bedeckt wurden.

Am späten Vormittag schlug ich dann die Zeitung auf und betrachtete das unsäglich traurige Foto auf der ersten Seite. Es zeigte Winnie McGinley, eine Angehörige der Traveller, Nachkommen der Ureinwohner Irlands, die ein Foto ihrer noch keine drei Jahre alten Enkelkinder hielt, Michael und Joe McGinley. Sie waren in der Nacht zuvor auf tragische Weise bei einem Brand ihres Wohnwagens ums Leben gekommen. Ihre Großmutter saß in einem Mantel mit grauem Fellkragen in ihrem eigenen Wohnwagen, der in einem Dubliner Vorort stand. Ihr blondes Haar war ungekämmt. Sie hatte rotgeweinte Augen und versuchte gar nicht erst, ihre Trauer zu verbergen, als sie kraftlos das Foto zeigte.

Die Zeitung berichtete, dass die Gemeinde der Familie der beiden Jungen den Strom abgestellt habe. Winnie sagte, sie hätten die anderen Wohnwagen anzapfen müssen, und das könnte die Ursache für den Brand gewesen sein. Vierzig Angehörige der Familie McGinley lebten gemeinsam in einer Reihe von Wohnwagen auf einem Rastplatz an der Nangor Road in Clondalkin, ohne eigenen Strom und mit nur einer Toilette und einem Wasserhahn.

In dieser Zeit lief in den Kinos zufälligerweise ein Film mit dem Titel »Pavee Lackeen«. Er erzählte von einer anderen Traveller-Familie, die in einem Wohnwagen mitten auf einem Kreisverkehr beim Dubliner Hafen lebte. Der Regisseur hatte über viele Jahre hinweg ihre Lebenswelt dokumentiert, hauptsächlich aus der Sicht eines Teenagers aus dieser Familie. Die Gemeinde hatte eine Weile einen Wasseranschluss bereitgestellt, drängte die Familie aber, in eine feste Unterkunft in einer Gegend zu ziehen, in der sie nicht leben wollte. Der Film zeigte, wie das junge Mädchen die Straßen durchstreifte, Münzen aus einem

Wunschbrunnen fischte und sich in mehreren Läden die Waren anschaute. Er zeigte, wie sie sich die Haare unter einem Wasserhahn wusch und sich schminkte, obwohl sie keine Möglichkeit zum Ausgehen hatte. Schließlich musste die Familie den Kreisverkehr verlassen und an einen entlegenen Ort ziehen, wo sie noch weiter von fließendem Wasser entfernt war als zuvor. Seit dem Start des Films hatte sich ihr Leben nicht verändert, außer dass sie sich jetzt mit Ratten herumplagen mussten.

Es fiel mir schwer, in die Augen von Winnie McGinley zu sehen. Ich trug das Foto ihres todunglücklichen Gesichts mit durch die Straßen. Ich lief an Orten in Dublin vorbei, die mir das Gefühl gaben, noch nie dort gewesen zu sein. Ich kam an der Halal-Metzgerei in der North Circular Road vorbei, in der die Kunden von einem Araber bedient werden, während seine Frau, die ein Kopftuch trägt, Tabletts mit Fleischspießen durch eine Klappe schiebt. In Stoneybatter kam ich an einem Herrenfriseur voller farbiger Männer vorbei, die sich zu einem harten Beat die Haare flechten ließen. Ich kam an neuen Cafés und Läden und an einem polnischen Supermarkt vorbei. Ich kam an einem Mann mit offenem Hemd vorbei, der ein protziges Goldkettchen trug und mit Dubliner Akzent *no problemo* in sein Handy sagte. Ich sah Grufties, die auf dem Meeting House Square herumlungerten, die Welt verfluchten und verlachten. Einer von ihnen hatte hinten auf seiner mit Nägeln gespickten Jacke das Wort »Destruction« stehen, und in seiner Lippe steckte eine Sicherheitsnadel. Ich sah im Bau befindliche Wohnblocks und Kräne, die ihre Arme vor der Skyline ausstreckten. Die Stadt war erfüllt von Innovation und von Menschen, die nach Wohnungen suchten. Niemand wollte auf der Strecke bleiben.

Selbst am Ende des Tages, als sich der Verkehr in Dublin umkehrte und in die Vororte zurückschlich, hatte ich noch einen leisen Nachklang von Bach und dem deutsch-irischen Chor aus der Saint-Patrick's-Kathedrale im Ohr. Überall eilten Fußgänger dahin, und ich war froh, als ich den reglosen Mann wiedersah. Er hatte immer noch Stock und Plastiktüte dabei, war aber ein Stück weitergezogen. Er stand in einer anderen Straße neben einem anderen Mülleimer. Diesmal hatte er eine Dose mit McEwan's Lager in der Hand und lächelte, als wäre er all den vielen Pendlern überlegen, die der Stadt entkommen wollten. Er hatte sein Bier auf den Mülleimer gestellt, um eine Menschenmenge betrachten zu können, die an einer Bushaltestelle wartete. Ein böiger Wind blies durch die Straßen, und in Abständen prostete er den Wartenden mit seinem Bier zu.

»Zieht ja wie Hechtsuppe«, rief er. »Anscheinend hat jemand in Glasnevin die Tür aufgelassen.«

Dann lachte er laut. Die Menschen an der Bushaltestelle starrten ihn verständnislos an. Solange sie auf ihren Bus warteten, mussten sie mit anhören, wie er immer und immer wieder das gleiche rief.

14

Der neunte Händedruck von Thomas D.

Hier draußen im Moor hat sich vermutlich seit Jahrtausenden nichts verändert. Wir wandern über den Rücken der Erde, über das weite, braune Achill, das mit hochgezogenen Schultern dem Wind trotzt, und die Schultern heißen Slievemore und Minaun. Die Häuser liegen hinter uns. Hier draußen gibt es keine Autos. Keine Menschen. Keine Telefonleitungen. Nur das Moor und den Himmel. Die Sonne ist hinter Achill Head versunken, und die Wolken glühen ein letztes Mal in Grau, Rosa und Bernsteingelb auf. Das Land ringsumher ist ein Mantel aus Rostrot und Dunkelbraun, und die ganze Palette der Haarfärbemittel von L'Oréal breitet sich vor uns aus. Überall sieht man die von den Torfstechern hinterlassenen Wunden, alte Narben und frische Narben. Schuhcremeschwarze Torfwälle warten darauf, gestochen zu werden. Den gestochenen Torf hat man zum Trocknen gestapelt, Riegel, die später wie große Stücke Sachertorte vor den Häusern aufgetürmt werden. Angeblich soll der Winter in diesem Jahr sehr kalt werden, laut der Aussage eines Mannes in der Crossroads Bar sogar der kälteste Winter seit Menschengedenken.

Hin und wieder wirft uns der Wind zurück und zwingt uns, auf der Stelle zu treten, bis er abflaut und uns erlaubt, ein paar Meter Boden zu gewinnen. Zeitweise scheinen wir nur so zu tun, als kämen wir auf dem steinigen Pfad voran. Wir können nicht sprechen. Wir hören nichts außer dem Wind, der unablässig in unseren Ohren braust. Jedesmal, wenn wir etwas sagen wollen, zensiert der Wind unsere Worte und drückt sie uns wieder in den Mund. In den letzten drei Tagen hat sich der Wind das Haus in Dugort vorgeknöpft, hat sich an die Mauern gelehnt, mit dem Ellbogen an die Fenster geklopft, versucht, das Dach hochzuheben, und Rauchwolken zurück durch den Schornstein geschickt. »Das soll ein Wind sein?« fragen sie drüben in Dooagh, wo der Wind mit voller Wucht vom Meer kommt. Irgendwann im Laufe der Woche wurde dort ein Holztor weggeweht, und inzwischen, sagen sie, dürfte es wohl in Donegal sein.

In Keel sind die Lichter an. Bei Slievemore geht ein Schleier leichten Regens nieder, der die Häuser wie vor Anker liegende Schiffe wirken lässt, die im Nebel auf und ab schwanken, als wollten sie im nächsten Moment aufs Meer hinaustreiben und wären nur vorübergehend am Ufer vertäut gewesen. Wir sehen die Scheinwerfer der Autos auf der Straße, und der Bus nach Westport gleitet wie eine riesige Keksdose am Rand des Moores dahin. Im Wind können wir den Rauch der Torffeuer riechen, und als wir wieder auf der Straße sind, müssen wir wie Schafe auf der Graskante laufen. Einmal springen wir fast von einer Brücke, um einem Lkw auszuweichen, aber schließlich erreichen wir wohlbehalten die Crossroads Bar, in der ein Feuer knistert.

Man bietet uns die übriggebliebenen Sandwichs eines Hochzeitsfrühstücks an, das hier vormittags stattgefunden hat. Am Straßenrand hatten wir Schilder mit der Aufschrift »Herzlichen Glückwunsch Cormac und Tatjana« gesehen. Ein Einheimischer hat eine junge Rumänin geheiratet, und im Achill Head Hotel findet gerade die größte Hochzeitsfeier des Jahres statt. Die Braut sei wunderschön, sagen alle. Wir essen die Sandwichs und wünschen dem Paar in dessen Abwesenheit viel Glück.

Michael sitzt auf seinem Stammplatz und trinkt sein spezielles Bier, eine Mischung aus Guinness und Smithwicks. Er sieht Jamie Oliver zu, dem Fernsehkoch, der unaufhörlich redet, einem Hähnchen die Füllung unter die Haut stopft und mit viel Gezappel Kuskus in Alufolie zubereitet. Michael erzählt uns, wie er damals mit seinem Vater vor dem Strand von Keem Hummer fing. Er erinnert sich daran, mit seinem Vater zur Kartoffelernte nach Schottland gefahren zu sein. Er kennt jeden Zentimeter Schottlands und jeden Zentimeter Englands. Er listet die Kleinstädte und Großstädte auf, wobei er mit dem Finger auf seine Handfläche tippt, als wollte er uns auf einer Karte zeigen, wo die Passagierschiffe anlegten und die Lkw warteten, die die Männer zu den Bauernhöfen fuhren. Ich weiß noch, sagt er, wie einmal eine Frau auf der Überfahrt niederkam. Ich weiß noch, sagt er, wie drüben in Schottland eine Familie in ihrer Hütte verbrannte. Er weiß noch, wieviel Lohn sie bekamen und wieviel ein Laib Brot, ein Pint Bier oder das Ticket für die Fähre in der alten Währung kosteten. Er kennt die Namen von Vettern und Onkeln, er kennt jeden Mann aus jeder Familie hier auf der Insel, denn er ist allen drüben bei der Arbeit begegnet. Sein Onkel brachte den schottischen Dudelsack mit und gründete die erste Dudelsack-Band auf Achill, etwas, das hier inzwischen zur festen Tradition geworden ist: Jedes Jahr reisen achtzig junge Mitglieder zu Wettbewerben nach Schottland. Wir beginnen zu begreifen, wie wichtig Details auf Achill sind. Es dauert lange, bis man den genauen Lebenslauf eines Mannes nachvollziehen kann, und Michael zeigt immer wieder auf seine Handfläche. Er erzählt uns, wo sein Onkel gelebt hat, und es dauert lange, bis er die genaue Lage des Hauses beschrieben hat, weil es hier weder Hausnummern noch Straßennamen gibt. Er beschreibt uns behäbig und ausführlich den Weg und zählt alle Eigenarten der Landschaft auf, die uns als Gedächtnisstützen dienen könnten, obwohl wir gar nicht wissen, ob wir uns das Haus jemals anschauen werden. Hier auf Achill gibt es noch Zeit genug, um sich geistige Landkarten dieser Art einzuprägen, sowohl die Landkarte der Gegenwart als auch die Landkarte der Vergangenheit.

Später, als Michael schon nach Hause gegangen ist und sich die Bar zu füllen beginnt, kommen wir mit zwei Männern ins Gespräch, die dem im Fernsehen laufenden Fußballspiel den Rücken gekehrt haben. Manchester United spielt gegen Lille, aber sie haben kein Interesse, obwohl ein Mann namens Fletcher mitspielt, dessen Mutter von Achill nach Schottland ausgewandert ist.

»Manchester«, sagt einer der beiden. »Da saß ich sechs Monate im Knast.«

»Weswegen?« fragen wir.

»Steuerhinterziehung.«

Die Männer stellen sich vor. Jimmy erzählt uns, dass er noch sieben Jahre mit seinem nächsten Besuch in England warten muss, weil man ihn ein zweites Mal erwischt hat. Allerdings floh er dieses Mal nach Irland, sobald er gegen Kaution auf freiem Fuß war. Er ging an Bord eines Fischkutters, der von Norfolk ablegte, und fuhr rund um die Küste Schottlands bis nach Dun Laoghaire.

»Das muss ja ganz schön gedauert haben«, sagt der andere Mann. »Du hättest bestimmt ebensogut noch einmal sechs Monate im Knast absitzen können.«

Die beiden lachen. Jimmy erzählt uns, dass er keinen Pass hatte und daher an Land schwimmen musste und dass er ein Nachkomme der Traveller sei, der irischen Ureinwohner. Er erzählt uns von einem nahen Fluss namens Gallagher River, benannt nach seinen Vorfahren, die in der Nähe von Dookinella gesiedelt hatten. Gemeinsam mit seinem jüngeren Cousin Tom hat er überall in Großbritannien auf Baustellen gearbeitet, auch solchen von Kernkraftwerken wie Sizewell A und Sizewell B.

»Chester, Leicester und Manchester. Alle umsteigen in Crewe, juhu«, murmelt Jimmy in sein Bier.

Der Barmann zapft frische Pints. Jimmy setzt seine Pub-Autobiographie fort und sagt, er habe auch in den USA gearbeitet, etwa in Cleveland, Boston und Manhattan, sei aber schließlich ausgewiesen worden, weil er Blei von den Dächern geklaut habe.

»Manhattan?« frage ich und versuche, Wahrheit und Erfindung voneinander zu trennen. »Dann müssen Sie aber ziemlich schwindelfrei sein.«

»Glaubt ihm nicht«, sagt uns sein Cousin Thomas.

Und dann kommt der erste Händedruck. Diesmal stellen sie sich richtig vor, und der eisenharte Griff von Thomas D. beweist die Wahrheit der Baustellengeschichten. Er ist um die fünfzig, seine Hand aber doppelt so alt. Jeder Betonblock, jeder Holzsplitter, jedes eisige Baugerüst, jeder danebengegangene Hammerschlag hat sich in seine Hand gekerbt wie in einen verwitterten Handschuh. Er hat eine Eisenklaue, den Griff eines Hummers, bei dem man am liebsten in die Knie ginge. Gleichzeitig ist sein Händedruck sehr herzlich, ein Griff echter Kameradschaft, in Bars und Betriebshallen bei Bauarbeitern aus aller Herren Länder erprobt. Als er endlich loslässt und wieder nach seinem Bier greift, wirkt es in seiner Pranke so klein wie ein Fingerhut.

Thomas möchte wissen, woher wir kommen. Und nicht nur das, sondern auch, woher unsere Eltern stammen, Vater und Mutter, beide Seiten, denn ohne diese Informationen kann er die weißen Flecken auf seiner Karte der Identifizierung nicht füllen.

»Deutschland«, sagt er. »Die besten Leute auf der Welt. Sie nehmen einen hart ran, das ja, aber sie sind fair.«

Inzwischen schüttelt er mir zum drittenmal die Hand, und meine Finger sind vor lauter Freundschaft ganz taub. Sein älterer Cousin Jimmy hat den Kopf über die Theke gebeugt, während wir weiteren Erzählungen über Baustellen in Berlin lauschen, über deutsche Freundinnen, deutsche Autos, deutsches Bier. Von allen Orten, wo er gearbeitet hat, hat ihm Berlin am besten gefallen, und er erinnert sich, gemeinsam mit anderen irischen Arbeitern eines Sonntagabends im Oscar-Wilde-Pub Champagner getrunken zu haben, bevor sie in den Zug nach Leipzig stiegen, um am Montagmorgen wieder mit der Arbeit zu beginnen. Inzwischen gibt es mehr als genug Arbeit in Irland, und sie können zu Hause auf Achill bleiben.

»Jetzt kommen die Briten und die Deutschen hierher, um für uns zu arbeiten. Sie bohren Tunnel, schaufeln, bauen Straßen und Eisenbahnstrecken. Ist das nicht unglaublich?« sagt er.

Dabei knufft er mir mit einem Fingerknöchel gegen den Oberarm, und es fühlt sich an, als klopfte er an eine Tür. Er versucht das Phänomen des irischen Erfolgs zu erklären, und bevor wir wissen, wie uns geschieht, sind wir beim nächsten Händedruck, dem vierten und fünften knochenzermalmenden Griff dieses Abends.

Dann dürfen wir eine neue soziale Erfindung Irlands live miterleben: die Abschiedszeile der Raucher. Wegen des Rauchverbots gehen die Raucher in gewissen Abständen vor die Tür, und ihr vorübergehender Exodus ist mit großer Meisterschaft stets mit einer Pointe, einem Witz, einer philosophischen oder sozialpolitischen Bemerkung verbunden. Das Rauchen ist zu einem rhetorischen Kniff geworden. Thomas versinkt kurz in tiefes Nachdenken und klopft dann mit der Zigarette auf die Schachtel, bevor er seine Abschiedszeile zum besten gibt.

»Die Iren trauen sich alles zu«, sagt er. »Das ist der Trick.«

Bevor irgend jemand in der Bar etwas darauf erwidern kann, ist er verschwunden. Wenn er dann wieder da ist, wird es zu spät sein, um ihm zu widersprechen, weil sich das Gespräch längst weiterbewegt hat. In der Zwischenzeit bestellt Jimmy noch eine Runde Bier, zieht dann ein Büschel getrockneten, schwarzen Dillisk aus der Gesäßtasche und bietet uns etwas an. Er kaut den dunklen Seetang und spült ihn mit Guinness hinunter.

»Chester, Leicester und Manchester. Alle umsteigen in Crewe, juhu«, murmelt er, als wäre er erst halb durch den Rosenkranz.

Ein paar Jungs kommen herein, um Billard zu spielen, und die Bar duftet plötzlich nach Aftershave. Wir hören, wie der Barmann einem der Jungs erklärt, dass die Crossroads Bar in einem Funkloch liege und man nur mit dem Handy telefonieren könne, wenn man sich draußen vor die Giebelseite stelle. Bei Thomas' Rückkehr stehen frische Pints auf der Theke. Draußen hatte er Zeit zum Nachdenken. Als er sich wieder zu uns gesellt, hat er noch den letzten Rest Rauch im Mund, den er aus purer Nostalgie als dünnes Fähnchen in Richtung der Spirituosen hinter der Bar bläst. Er setzt das neue Bier an und trinkt einen gewaltigen Schluck, saugt sich den Schaum von der Oberlipe und tritt zurück, um mir noch einen Knuff gegen den Arm zu verpassen.

»Ich erzähle euch jetzt mal was über die Iren«, sagt er und nimmt damit seinen Faden wieder auf. Thomas erzählt uns, dass er in den Achtzigern, als er in London arbeitete, in einer Gegend namens Wood Green im Norden der Stadt wohnte. Dort gab es viele Iren, die alle in den gleichen Bars tranken. Unter ihnen war ein Blinder namens Jack, auch Blind Jack genannt, der einen leichten Job bei der Telefonauskunft bekommen hatte, den ganzen Tag Anrufe entgegennahm und mit seinen Freunden schwatzte. Dazu muss man sagen, dass Jack keine Augen brauchte, um sein Pint zu heben. Und dass so viel getrunken wurde, dass Jack gegen Ende des Abends ungefähr genauso viel oder genauso wenig sehen konnte wie alle anderen. Blind Jack war nie unglücklich, erzählt uns Thomas. Er kostete sein Leben aus und trank genauso viele Pints wie jeder in der Bar. Doch eines Abends klagte er plötzlich, dass er nie im Leben ein Auto fahren könne.

»Ich schwöre bei Gott«, sagt Thomas, »er hatte Tränen in den Augen. Wir haben ihm zum Trost noch ein Pint und außerdem einen Whiskey spendiert. Aber nichts half, und er jammerte weiter, dass er nie Auto fahren könne.«

Dann fragte jemand, warum in Gottes Namen er nicht fahren könne, und Blind Jack drehte sich um und sagte: »Weil ich verdammt noch mal blind bin.«

»Kein Witz, wirklich«, sagt Thomas. »Plötzlich redeten alle davon, dass das Autofahren genau wie die Redefreiheit ein Menschenrecht sei und dass es nicht angehen könne, einem Blinden dieses Recht vorzuenthalten. Und bevor wir uns versahen, hatte irgend jemand Blind Jack den Schlüssel seiner Schrottkarre in die Hand gedrückt, die vor dem Pub stand, weil man sich geschämt hätte, sie vor der eigenen Wohnung zu parken. Die Karre war so alt, dass die Scheiben bemoost waren und Spinnweben an den Spiegeln hingen. Es war ein alter, gelber Toyota Corolla, und durch den Fußboden konnte man die Straße sehen.«

Thomas erzählt uns, dass sie den Pub in Wood Green verließen, als dieser zumachte. Blind Jack setzte sich hinter das Steuer des Autos. Sie erklärten ihm, wie man schaltete, wo das Gaspedal war und wie die Kupplung funktionierte. Blind Jack hatte beide Hände am Steuer, ließ den Motor aufheulen und stellte sich lange Fahrten durch die englische Landschaft vor, nach den Klippen von Dover oder bis hinauf nach Whitby, um zu sehen, wo Dracula an Land gekommen war.

»Irgend jemand sagte Blind Jack, er solle in den Spiegel schauen«, erzählt uns Thomas, und dann schlug er die Hände zusammen. »Plötzlich schoss das Auto über die Straße. Und rumms! Direkt in die Seite eines nagelneuen Rovers. Keine Verletzten, versteht ihr? Ich saß auf dem Rücksitz, und ich schwöre bei Gott: Es ging jede Menge Glas in Scherben. Der Besitzer der Schrottkarre kam auf die Idee zu behaupten, das Auto sei gestohlen worden, und zog den Schlüssel heraus. Also stiegen wir alle aus und rannten davon. Wir mussten Blind Jack links und rechts stützen, als wir um die Ecke preschten.«

Jimmy krümmt sich inzwischen vor Lachen. Selbst der Barmann, der bisher diskret die Ohren verschlossen hat, kichert vor sich hin. Thomas schüttelt schon wieder meine Hand, zum achten Mal, wenn ich richtig mitgezählt habe.

Er zückt die Zigarettenschachtel, und natürlich muss jetzt noch eine Schlussfolgerung kommen, ein Satz, der die Sache abrundet. Wir warten darauf, dass er uns erzählt, die Iren liefen im Dunkeln in die Zukunft. Wir warten darauf, dass er uns erzählt, das irische Wirtschaftswunder sei wie ein blinder Autofahrer. Thomas tippt mit einer Zigarette auf die Schachtel und bereitet sich innerlich auf die Pointe vor.

»Wir waren schon eine halbe Meile gerannt, da fiel uns ein, dass Blind Jack seinen weißen Stock auf dem Fahrersitz vergessen hatte.«

Er wartet noch kurz, weil er mitbekommen will, wie die ganze Bar verstummt, dann dreht er sich um und geht zur Tür. Als wir aufbrechen, sehen wir, dass er draußen mit der Schulter an der weißen Mauer der Crossroads Bar lehnt und nach Keel blickt. Wahrscheinlich denkt er an Cormac und Tatjana, die jetzt im Achill Head tanzen. Er dreht sich um und schnippt die Kippe in Richtung Straße. Aus seinen Nasenlöchern quillt Rauch. Er schüttelt uns noch einmal die Hand, zum allerletzten Mal, zum neunten Mal. Und diesmal mag er nicht loslassen. Der neunte Händedruck von Thomas D. dauert drei oder vier Minuten, vielleicht sogar länger, unendlich lange. Er dauert so lange, dass ich jeden Backstein, jedes Brett und jeden Stahlträger spüren kann, die ganze, rauhe, von Zement zerfressene Biographie seiner Handfläche. Thomas will wissen, warum wir so früh gehen. Mit seinem Händedruck möchte er uns vom Gehen abhalten, uns zurückziehen, uns bitten, nicht zu lange zu warten, bis wir wieder einmal nach Achill kommen, und ich spüre Thomas' Händedruck noch, als er längst wieder hineingegangen ist und wir das Moor überqueren, diesmal mit dem Wind im Rücken.

15

Der Ring von Marie Antoinette

Ich bin auf der Suche nach dem Ring von Marie Antoinette. Jenem Goldring, den sie einst dem berüchtigten »Fighting Fitzgerald« schenkte, George Robert Fitzgerald, bevor man ihn 1786 wegen Mordes in Castlebar aufknüpfte. Ich fahre durch die grünbelaubten Tunnel, um Chris Fitzgerald zu besuchen, den letzten direkten Nachkommen der Fitzgerald-Dynastie aus Mayo. Ich habe ihn seit Jahren nicht mehr gesehen. Er ist ein scheuer Mensch, der irgendwo an der Grenze von Mayo und Galway mit seinen Hunden in einem kleinen Cottage lebt und vielleicht gar nicht über den Ring oder irgend etwas reden möchte, das mit seinen berühmten Vorfahren zu tun hat. Vielleicht gibt es den Ring überhaupt nicht mehr, wer weiß.

»Die Sonne fällt in talergroßen Scheiben über Wiesen und Bäume, liegt dort talergroß und talerblank ...«

Dies hat sich durch Zufall ergeben, als ich auf dem Rückweg von Achill Island war. Ich fuhr außerhalb von Castlebar auf einem Stück Straße, deren Bau von der EU subventioniert worden war, und kam an einem Ort namens Turlough Park vorbei. Wie fast alle neuen Straßen beansprucht auch diese den Ruhm für sich allein und lässt die Landschaft nur dann einigermaßen interessant aussehen, wenn man Gas gibt. Auf einer solchen Straße geht man nur ungern vom Tempo, weil man nicht von dieser filmischen Art der Fortbewegung lassen möchte, und man muss sich regelrecht zwingen, anzuhalten und auszusteigen. Doch dann wird einem bewusst, was für ein außergewöhnlicher Ort dies ist – ein Pfeiler der irischen Geschichte, der bis in die Epoche der Mönche zurückreicht. Tritt man durch das Tor, so erblickt man neben dem Teich die Ruine des ursprünglichen, 1722 errichteten Turlough House. Weiter oben steht das jüngere Turlough House, erbaut um 1865 und Sitz der berühmten Familie Fitzgerald. Dahinter befinden sich die Grundmauern einer uralten Kirche, die von Cromwells Truppen niedergebrannt wurde, und der schönste noch erhaltene Rundturm aus Irlands goldenem Zeitalter der Heiligen und Gelehrten.

Hier war ich noch nie gewesen. Und ich wäre auf keinen Fall auf die Idee gekommen, Turlough House mit meinem Freund Chris Fitzgerald in Verbindung zu bringen, bis ich die Eingangshalle betrat. Dort kam mir irgend etwas bekannt vor. Ich bildete mir ein, das Triptychon der Bleiglasfenster und die uralte Holztreppe, die daran vorbeiführte, schon einmal gesehen zu haben. Turlough House gehört inzwischen dem irischen Staat und ist in ein beeindruckendes Museum umgewandelt worden. Der Kurator wies auf den in das Glas eingearbeiteten Keiler hin, das Wappentier der Fitzgeralds, und berichtete von der Restaurierung der herrlichen Marmorwände. »I dreamt I dwelt in marble halls« – mir träumte, ich lebte in Marmorsälen … Die Worte dieses berühmten Liedes gingen mir durch den Kopf, und ich fragte mich immer noch, warum mir dieser Ort so bekannt vorkam. Im Salon gab es einen Marmorkamin und ein Klavier-Cembalo, das einzige seiner Art in Europa. Nebenan in der Bibliothek stand ein Tisch, an dem der Büttel des Grundeigentümers die Pacht kassiert hatte. Die Pächter, meist Kleinbauern, betraten das Haus durch eine Seitentür, weil sie auf dem Grundstück und im Hauptflur nicht geduldet wurden. Vermutlich standen sie in ihren Lumpen vor dem Tisch, die Mütze in der Hand, baten um Stundung und beäugten dabei eingeschüchtert die Bücher, die an allen Wänden vom Fußboden bis zur Decke reichten. Die geheime, mit Buchrücken bemalte Tür, hinter der der Grundeigentümer saß, um ihren vielen Ausreden dafür zu lauschen, dass sie wieder einmal die Pacht nicht bezahlen konnten, haben sie bestimmt nicht entdeckt.

Da fiel es mir plötzlich ein. Natürlich: In diesem Haus hatte früher Chris Fitzgerald gewohnt. Wir waren uns in den späten Siebzigern in München begegnet, und ich erinnerte mich, dass mir seine serbische Freundin damals ein Foto gezeigt hatte, auf dem sie beide Arm in Arm auf den Stufen dieser majestätischen Eingangshalle standen, im Rücken das beeindruckende Triptychon der Bleiglasfenster. Ich befand mich in jenem Herrenhaus, in dem er seine Freundin vor all den Jahren seiner Mutter vorgestellt hatte. Ich malte mir aus, wie er als Junge gemeinsam mit seinen Freunden in diesen Räumen gespielt und sich hinter der geheimen Tür versteckt hatte. Aus seinem Schlafzimmer musste er vor dem Hintergrund des Abendhimmels den Rundturm und die Krähen gesehen haben, die sich bei Anbruch der Dämmerung in den Bäumen versammelten. Vielleicht auch ein paar vorbeihuschende Rehe. Mir kam der Gedanke, dass dieses Haus für einen Jungen durchaus etwas Bedrückendes haben konnte. Der Prunk und die Geschichte des Ortes, vor allem aber seine Schulzeit in einem protestantischen Internat in Dublin könnten ihn von der Alltagswelt und gleichaltrigen Jungs abgeschnitten haben.

Zum ersten Mal begann ich zu begreifen, warum Chris immer so scheu und zurückhaltend gewesen war. Er hatte nur ungern von Turlough erzählt. Das Foto, das man mir damals zeigte, hätte ebensogut in einem großen Hotel aufgenommen sein können, und vielleicht war seine Freundin viel erpichter darauf, es mir zu zeigen, als er. Ich konnte mich nicht daran erinnern, dass er mir je etwas über seine Herkunft und den Beruf seiner Eltern erzählt hätte. Die Tatsache, dass er der letzte Nachkomme dieser Linie der Fitzgeralds war, hatte ich immer für ein Gerücht gehalten. Über die Geschichte seiner Familie wurde kaum gesprochen, und er erwähnte nie den Goldring, der dem berühmten Duellanten Fitzgerald bei dessen Aufenthalt am französischen Königshof von Marie Antoinette geschenkt worden war – wie die Ironie der Geschichte will, wurden beide später hingerichtet.

Ich nehme an, dass es eine schweigende Übereinkunft zwischen uns gab, nicht zuviel über Privates zu reden. Er war sehr zurückhaltend und schreckte aus dem einfachen Grund davor zurück, sich nach der Herkunft anderer zu erkundigen, weil dies vielleicht Fragen nach sich gezogen hätte, die er nicht beantworten mochte. Die Siebziger waren das Jahrzehnt des Wandels. Jeder dachte sich eine neue Biographie aus, und auch Chris hatte alle Hände voll damit zu tun, sich durch Musik und Lieder neu zu erfinden.

Er hatte das große Haus in Mayo, in dem er 1961 die Nachfolge angetreten hatte, verlassen, um ein reisender Musiker zu werden. Oder eher ein irischer Wandersmann, der Europa mit nichts außer seiner Gitarre und seiner Mandoline bereiste. Er sang Balladen aus dem neunzehnten Jahrhundert, die das Leben meist aus der Sicht der gewöhnlichen Bauern schilderten und nicht aus jener der Grundeigentümer, deren Schicht er entstammte. Er sang von gebrochenen Versprechen und geraubter Jungfräulichkeit. Er sang in einer altertümlichen Kunstsprache von Zeiten, als die Liebe noch viel unbedingter, treuer und tragischer war als heute. Er sang von Liebenden, die durch die Napoleonischen Kriege voneinander getrennt wurden, sich nach Jahren wiederbegegneten und einander nur anhand der beiden Hälften eines Rings erkannten. Er sang von hübschen Blumen und fröhlichen Morgen, mutigen Reitern und willigen Mädchen. Von Auswanderung und fremden Gestaden, von berühmten Schlachten, berühmten Pferden, berühmten Schiffen.

Damals machte auch ich Musik, und in Wien taten wir uns mit einem dritten Musiker zusammen. Gemeinsam ritten wir auf der Welle der Begeisterung für irische Musik, die zu jener Zeit durch Deutschland und Österreich schwappte. Jeden Dienstagabend hatten wir einen festen Auftritt plus Freibier in einem Folk-Club namens Atlantis. Wir spielten in Bars und Burgen und Opernhäusern. Wir gaben Konzerte an Orten wie dem Forum Stadtpark in Graz oder bei Open-Air-Festivals in Tirol, im Rücken die Berge wie einen auf Leinwand gepinselten Hintergrund.

Häufig ging uns das Geld aus, und einmal spielten wir auf gut Glück ein paar Melodien in einer Wiener Bar namens Gärtnerinsel. Ich spielte gerade eine langsame Weise auf der Tin Whistle, da geschah es, dass ein allein dasitzender, junger Mann einen blauen Hundert-DM-Schein in den Kasten der Mandoline warf, mit dem Chris zwischen den Tischen Geld einsammelte. Wir diskutierten über dieses unverhoffte Glück, meinten dann aber, dass es nicht in Ordnung sei, das Geld zu behalten. Chris ging zu dem Mann und sagte, er müsse den Hunderter wohl mit einem Zehner verwechselt haben, aber der Mann schüttelte nur den Kopf und warf weitere 100 DM in den Kasten.

Wie er erklärte, kam er aus Mönchengladbach im Ruhrgebiet. Er war Arbeiter in der Metallindustrie, verdiente gut und hatte diese Art von Musik noch nie gehört. Er wollte einfach, dass wir weiterspielten. Also spielten wir uns die Seele aus dem Leib und tranken im Anschluss bis spät in die Nacht mit dem Mann aus dem Ruhrgebiet.

Eines Tages war dann alles vorbei. Wir spielten auf einer Art Woodstock-Revival an der Donau. Bei einem Jig mit dem Titel »Money in Both Pockets« sprangen die Leute nackt in den Fluss, und vielleicht enthielt diese ganze irische Musik ein selbstzerstörerisches Element, denn am Ende gingen wir getrennte Wege, und Chris war bald mit Clannad auf Tour, damals eine der bekanntesten irischen Bands.

Ich habe ihn als drahtigen, schweigsamen Mann mit blonden Haaren in Erinnerung. Er sprach nur, wenn er musste, und schien lieber durch die Musik zu kommunizieren als durch viele Worte. Wenn er etwas sagen wollte, konnte er ebensogut eine Platte auflegen und den Song für sich sprechen lassen. Ich hatte oft das Gefühl, als erwartete er, dass man begriff, was in seinem Kopf vorging, ohne dass er ein Wort sprach. Als gäbe es eine Musikfrequenz, die allen anderen Kommunikationsformen überlegen wäre, sogar der Sprache.

Er saß immer schräg, selbst beim Essen, schwang ungeduldig das Bein und wandte sich seufzend ab, als wäre das Weltgeschehen eine persönliche Beleidigung für ihn. Auf Diskussionen über das aktuelle Tagesgeschehen reagierte er, als hätte ihm jemand das Sandwich aus dem Mund gerissen. Er verachtete Überfülle und Konsum. Auf das leiseste Anzeichen von Angeberei oder Falschheit reagierte er fast aggressiv und zog sich angewidert zurück. Wenn er plötzlich ohne Erklärung in die Luft ging und vom Tisch aufstand, um mit vor der Brust verschränkten Armen aus dem Fenster seiner Wohnung in der Alser Straße zu starren, war das nicht persönlich gemeint, sondern meist Ausdruck einer ohnmächtigen Wut auf die Ungerechtigkeit dieser Welt. Er konnte nichts dagegen tun, außer seine Lieder zu singen. Und wenn er auf seine knappe Art schließlich doch etwas sagte, benutzte er manchmal eine archaische Phrase, die aus einem anderen Jahrhundert stammte.

Ich höre ihn noch sagen: »Stoppt diese Fraktionskämpfe«, eine Formulierung aus den Geschichtsbüchern, die sich auf die Auseinandersetzungen zwischen den Fraktionen in Mayo im neunzehnten Jahrhundert bezog. Am liebsten mochte er die verrückten Gerüchte über die Iren, die in Europa die Runde machten, und er lachte sich dann auf seine hilflose, unvermittelte Art ins Fäustchen und schlug sich dabei mit der Hand aufs Knie.

Erst jetzt, in den weiten Räumen von Turlough House, beginne ich seine anarchische und oft rätselhafte Energie zu verstehen. Ich weiß noch, dass er sich damals weigerte, seine Freundin zu begleiten, als diese bei jugoslawischen Arbeitern, ihren Landsleuten, die Miete kassieren wollte. Die Arbeiter lebten mitten in der Stadt in einem schäbigen Mietshaus, das ihrem Vater gehörte, und die Arbeits- und Lebensbedingungen dieser Einwanderer erschütterten Chris. Es war ihm unbegreiflich, dass seine Freundin etwas damit zu tun haben sollte, aber er konnte nur durch seine Musik auf sie einwirken. Er schien es zu seiner Lebensaufgabe gemacht zu haben, jene parasitäre Schicht zu entlarven, der er selbst entstammte. Er hatte den revolutionären Schritt getan, der privilegierten Gesellschaftsschicht den

Rücken zu kehren. Er war ein Bücherwurm und kannte Brecht und Böll, und vielleicht verwandelte er sich ganz allmählich von einem Adeligen in einen Lumpenproletarier, bis ihm seine Herkunft nicht mehr anzusehen war. Es gab nur noch eine winzige Äußerlichkeit, die ihn verriet: Ein blauer Schönheitsfleck über seinem linken Wangenknochen. Auf dieses blassblaue Geburtsmal sprachen ihn viele Menschen an. Ich kann mich erinnern, dass die Mädchen davon fasziniert waren und mich fragten, woher der Fleck stamme, weil sie nach einem Grund für sein exzentrisches, herausforderndes Schweigen suchten. Dieses kleine, unauslöschliche Mal zeugte von seiner Familiengeschichte. Manchmal hatte ich das Gefühl, als lebte Chris Fitzgerald in einem seiner Lieder, in irgendeiner großen Ballade über einen Lord, der zum Minnesänger geworden war. Der fröhliche Bettler bezirzt ein junges Mädchen, gibt sich am Ende jedoch als Edelmann zu erkennen, als der Mann mit dem blauen Geburtsmal.

In Turlough House las ich etwas über die Familie Fitzgerald. George Robert Fitzgerald wurde 1748 geboren und wird als »zügelloser Tunichtgut aus Connaught« beschrieben, als der »berüchtigte, streitsüchtige Fitzgerald«, der sein Leben mit einer endlosen Reihe von Duellen vergeudete, bis er im Alter von siebenunddreißig Jahren hingerichtet wurde. Man hat den Eindruck, dass er mit jedem stritt und kämpfte, sogar mit seiner eigenen Familie. Er brannte mit einer Frau namens Jane Connolly durch, bereiste ganz Europa und gelangte schließlich an den französischen Königshof, wo ihm Marie Antoinette den Siegelring schenkte. Danach ging es steil bergab. Er übernahm zwar irgendwann den Turlough Estate und ließ Tausende von Bäumen pflanzen, von denen heute noch manch riesige Eiche steht, sperrte seinen Vater aber angeblich zusammen mit einem wilden Bären in eine Höhle. Durch sein exzentrisches Betragen trieb er seine Frau in den frühen Tod. Er heiratete wieder, war aber unfähig, ein Familienleben zu führen, weil er ein wesentlich größeres Interesse an Streitereien und dem Aufbau seiner Privatarmee hatte.

George Robert Fitzgeralds Niedergang wird in den Berichten über seinen Prozess beschrieben, an dessen Ende er wegen des Mordes an Randall McDonnell zum Tode verurteilt wurde. Bei seiner Hinrichtung riss der Strang, und man musste ihn ein zweites Mal hängen. Was diesen Mann zu all der Wut und Feindseligkeit veranlasste, wird anhand seiner Lebensgeschichte nicht ganz deutlich, und manchmal frage ich mich, ob er bei einem seiner frühen Duelle nicht vielleicht eine Bleikugel abbekommen hatte, die in seinen Blutkreislauf gelangte und ihn durch langsame Vergiftung in den Wahnsinn trieb. Das Gemälde eines deutschen Künstlers namens Johann Zoffany zeigt ihn als Jungen in glücklicheren Zeiten in Turlough: Gemeinsam mit seinem Vater George und seinem Bruder Lionel lässt er einen Drachen steigen, und die beiden Jungs tragen die gleichen braunen Anzüge.

Auf der Fahrt nach Cong frage ich mich, ob Chris den Ring vielleicht zur Sicherheit in einem Banksafe deponiert hat. Unter den Ausstellungsstücken im Museum war er jedenfalls nicht. Als ich sein Cottage erreiche, kommt er mir mit einem halben Dutzend Hunden entgegen. Er lächelt und verengt die Augen, weil die Sonne blendet, und er ist drahtiger denn je. Sein blaues Geburtsmal ist ein wenig dunkler geworden, und seine blonden Haare stehen ab wie Strohstoppeln. Die Hunde fallen förmlich über mich und das Auto her, bellen, vollführen Kunststücke auf der Motorhaube und hinterlassen ihre Pfotenabdrücke auf allen Sitzen, bis Chris sie schließlich zurückpfeift.

»Herrgott noch mal!« ruft er, als müssten die Hunde es eigentlich besser wissen.

Wir lassen die Hunde draußen, die auf unterschiedliche Zwinger verteilt sind, um Fraktionskämpfe zu vermeiden. Wir gehen in einen nahen Pub und singen ein paar der alten Lieder. Fast scheint es, als brächten wir uns durch die Musik gegenseitig auf den neuesten Stand. Als wir dann doch noch reden, dreht es sich in erster Linie um das Deutschland der siebziger Jahre. Er erzählt mir von einem Trick, den er und seine Freunde benutzten, wenn sie auf Tour waren. Sobald sie in den Zug gestiegen waren, taten sie so, als schliefen sie fest, um dem Schaffner, der die neu zugestiegenen Fahrgäste kontrollierte, weiszumachen, sie säßen schon seit einer Ewigkeit im Zug. »Zugestiegen« nannte dies jeder irische Musiker. Dieses Wort war das Signal dafür, die Augen zu schließen und mit der Grimasse eines Halbtoten ein bisschen zu schnarchen. Manchmal wurden sie erwischt, weil sie ein Grinsen nicht unterdrücken konnten oder lauthals lachen mussten. Einmal schlief einer von Chris' Freunden tatsächlich ein, und als er aufwachte, war er von einem deutschen Anti-Terror-Kommando umzingelt, das Maschinenpistolen auf seinen Kopf richtete. Diese Maßnahme der Bundesbahn im Kampf gegen Schwarzfahrer dürfte er als etwas übertrieben empfunden haben. Dann verlangte man seinen Pass und stellte fest, dass er gar kein Terrorist war, sondern ein irischer Folksänger, der nur eine abgeschubberte Gitarre in seinem Kasten hatte. Man hatte ihn irrtümlich für ein Mitglied der Rote-Armee-Fraktion gehalten.

Damals war ganz Deutschland nervös. Es war die Zeit,

als man das Haus von Heinrich Böll durchsuchte, die Zeit von Katharina Blum, die Zeit, als die Polizei in München und Berlin Wohnungsrazzien durchführte und die Möbel wortwörtlich auf den Kopf stellte. Chris reagiert mit seinem typischen Mienenspiel, verzieht vor Abscheu das Gesicht oder klatscht sich bei einer Anekdote über Iren in Deutschland vor Vergnügen aufs Knie. Dann gerät er wieder in Wut und erzählt von einem Buch, das er gelesen hat, ein Roman von Irvine Welsh, der schildert, wie Jungen aus einem verarmten Stadtteil Glasgows in ein Gehege einbrechen, um die Schäferhunde zu foltern. Er ist völlig außer sich und bringt es nicht fertig, diese schrecklichen Taten zu beschreiben, so als ginge es um seine eigenen Hunde. Er rutscht stumm auf seinem Sitz herum und erwartet, dass ich ihn verstehe, obwohl er nichts sagt.

»Aber es ist doch nur ein Roman«, sage ich, um ihn zu beruhigen.

»Wenn ich sie je erwische«, murmelt er wie zu sich selbst. »Ich sage dir – ich vierteile sie eigenhändig.«

»Aber es ist Literatur«, wiederhole ich. »Es ist alles nur erfunden.«

Schließlich beruhigt sich Chris und lacht über sich selbst. Wir kommen auf Turlough House zu sprechen, und ich erzähle ihm, dass ich es besichtigt habe. Er enthüllt ein wenig mehr über seine Kindheit und erzählt, dass er häufig durch ein Oberlicht auf das Dach des Hauses geklettert sei, um ganz allein dazusitzen und die Landschaft Mayos wie von einem Berg aus zu betrachten. Als ich ihn schließlich nach dem Ring von Marie Antoinette frage, lacht er nur. Da ich mir plötzlich ein wenig wie ein Antiquitätenhändler vorkomme, lasse ich die Sache auf sich beruhen und erfahre nicht, ob er den Ring noch besitzt oder nicht.

Nach unserem Besuch im Pub zeigt er mir sein Cottage, und ich stelle erstaunt fest, dass er immer noch so gut wie nichts besitzt. Abgesehen von seiner Musik und den Büchern in den Regalen, sind die Geschichten, die wir einander erzählt haben, sein einziges Hab und Gut. Er ist in erster Linie durch die Musik mit der Welt verbunden und fest entschlossen, nichts zu besitzen, was man nicht im Kopf behalten oder nicht gedanklich wertschätzen kann. Einmal bekam Chris in einem Pub in Galway einen Riesenapplaus für eines seiner Lieder. Ein Mann aus Galway, wir kannten ihn beide, stand auf und murmelte, wütend vor Neid, dass Chris »nur ein Protestant« sei. Damit war gemeint, dass Chris kein Recht hatte, die irischen Balladen und Folksongs zu singen, weil er kein Teil dieser Tradition war. Mit anderen Worten: Er war nicht glaubwürdig, wenn er irische Folksongs sang. In Wahrheit hat er aber eine größere Berechtigung zu singen als viele andere Menschen, denn anders als die meisten Iren führt er ein einfaches, anspruchsloses Leben mit seinen Hunden auf dem Land. Dies ist ein Mann, denke ich bei mir, der es nicht macht wie ganz Irland, sondern den entgegengesetzten Weg geht. Er ist das genaue Gegenteil des früheren Staatsoberhaupts, Charles J. Haughey, des berühmten irischen Taoiseach aus den Achtzigern, der aus ärmlichen Verhältnissen stammte und dann so reich wurde, dass er eines der leerstehenden, großen Häuser in Abbeville im Norden Dublins kaufen konnte. Seitdem scheinen alle Iren nachgezogen zu haben, sind wohlhabend geworden und besitzen Dinge, von denen sie noch vor zehn Jahren nie zu träumen gewagt hätten. Die Häuser in jenem Teil des Landes sind mit dem neuesten Protz aus den Einrichtungshäusern und Dekoläden geschmückt. Steinerne Mauern sind durch

Balustraden ersetzt worden, Hecken marmorverkleideten Mauern gewichen. Die ganze Nation ist im Konsumrausch, und alle sind eifrig dabei, die vielen Jahrhunderte der Armut aus ihrem Gedächtnis zu streichen und die verlorene Zeit durch neuen Besitz wettzumachen.

Nach einer Weile steht Chris auf und beginnt, nach etwas zu suchen. Er holt eine braune Tabaksdose mit der Aufschrift »Mahogany« hervor. »Mahogany Ready Rubbed Tobacco«. Er öffnet den Deckel und gibt mir den Ring, als wüsste er, woran ich denke, ohne dass ich etwas gesagt habe. Es ist sein letztes Erbstück. Ein schwerer Goldring. Der Edelstein fehlt, vielleicht hat man ihn während irgendeiner Krise verkauft, um Schulden bezahlen zu können. Aber das auf der Innenseite eingravierte Wappen des französischen Königshauses mit dem winzigen Keiler der Fitzgeralds ist noch da. Da ist er endlich, der Ring von Marie Antoinette, in einer kleinen Tabaksdose in einem Cottage an der Grenze von Mayo. Ich drehe ihn ein paarmal hin und her und stecke ihn probehalber auf einen Finger. Dann reiche ich ihn Chris zurück, damit er ihn wieder in die Dose legen und verstecken kann.

16

Der Suppenkessel von Dugort

Violet McDowell ist bereits in ihren Neunzigern. Sie stützt sich auf ihren Stock, lächelt aber wie eine junge Frau und ist so elegant wie immer: Sie trägt ein handgestricktes Wollkostüm, und der hohe Kragen ihrer weißen Bluse wird von einer Silberbrosche zusammengehalten. Heute abend hat sie sich für Lila entschieden, und daher ist es eine lila Violet, die ihre Gäste mit Handschlag begrüßt und in das Wohnzimmer führt, wo ein großes Torffeuer brennt und vor dem Essen ein Sherry serviert wird. Als es schließlich soweit ist, geht Violet in den Flur, um den großen Gong zu schlagen, und genau wie in jedem Jahr begeben sich die Gäste daraufhin in das Esszimmer. In Grey's Guesthouse in Dugort macht man Konversationsurlaub. Natürlich kommen die Gäste auch, um in den Mooren zu wandern und im Sommer die feurigen Fuchsienhecken zu bestaunen. Sie kommen, um die überwältigende Schönheit der Küste Achills und des blauen Ozeans zu genießen, der sich mit einem weißen Spitzensaum am Ufer bricht. Sie kommen, um nachts den klaren, unverschmutzten Himmel über Slievemore zu betrachten, und manchmal nehmen sie sogar ein Mondbad am langen Sandstrand von Dugort. Doch vor allem kommen sie, um zu reden.

Die Tische sind gedeckt, und die Gäste setzen sich zur Pilzcremesuppe. Danach kann man zwischen Schweinesteak und irischem Wildlachs wählen. Der Raum ist bald von Gesprächen und dem Geklimper des Bestecks erfüllt. An einem der Tische erzählt ein Nordire den Leuten etwas über Leuchttürme. Er hat schon viele dieser Türme besucht und beginnt, alle Leuchttürme Irlands samt ihren Besonderheiten aufzulisten, etwa den mit der Wendeltreppe auf Rathlin Island. An unserem Tisch erzählt uns ein im Ruhestand lebender Landwirt aus dem County Meath, dass er seit einem Vierteljahrhundert jedes Jahr mit seiner Frau in Grey's Guesthouse gewesen sei. In einem Jahr hat er erlebt, wie ein verängstigtes Schaf durch ein Fenster gesprungen ist: Es sprang mitten durch die Scheibe auf eine Frau, die auf dem Sofa saß und ein Buch las. An einem anderen Tisch tauschen sich Frauen über die Berufe ihrer Kinder und die Orte aus, an denen sie ihre Häuser gekauft haben. Eine der Frauen erzählt, ihre Tochter habe die Flitterwochen in Dubai in einem Sieben-Sterne-Hotel mit goldenen Wasserhähnen verbracht, nicht weit vom Haus der Gattin des Scheichs von Dubai, das so groß sei, dass man mindestens zehn Minuten brauche, um mit dem Bus daran vorbeizufahren. Der Mann, der gesehen hat, wie das Schaf durch das Fenster gesprungen ist, prahlt jetzt damit, dass er nicht mit dem Internet zurechtkomme und auch nicht vorhabe, das zu ändern. Seine Frau erzählt uns von ihrem Sohn, der an einer seltenen Krankheit namens Kennedy-Syndrom leidet. Ein Notar aus London sitzt allein an einem Tisch und zieht beim Essen eine Grimasse, als wollte er jeden Versuch abwehren, ihn in ein Gespräch zu verwickeln. Nicht mehr lange, und dann wird man auch ihn fragen, ob er zum ersten Mal auf Achill sei. Man serviert den Rhabarber-Crumble, der von einem Ring englischer Creme umgeben ist. Die Kaffeemaschine ächzt. Die Gäste erheben sich von den Tischen, um das Porträt von

Violets Mutter zu betrachten, jener Frau, die Grey's Guesthouse vor langer Zeit gemeinsam mit ihrem Mann gegründet hat. Irgend jemand versucht, den Notar aus London anzusprechen, aber dieser weigert sich, in die Konversationsfalle zu tappen, und sucht Zuflucht vor dem Fernseher, wo über den Versuch von Wissenschaftlern berichtet wird, die Beißkraft des Tyrannosaurus rex zu berechnen. Die anderen Gäste gehen wieder ins Wohnzimmer, wo das Feuer im Kamin brennt, und lauschen dem Nordiren, der sich das Loblied auf seinen Lieblingsleuchtturm bis zum Schluss aufgehoben hat: ein rot-weißer Leuchtturm in Carolina, der wie einer der Pfosten vor einem Herrenfriseur aussieht. Violet hält die Gespräche in Gang und verspricht, dass noch jemand ein Lied auf dem Klavier spielen wird. Mit ein bisschen Glück komme später auch der Dichter Paul Durcan vorbei und trage eines seiner Gedichte vor, vielleicht jenes, in dem er beschreibt, wie er auf der Straße in Dugort Schutz vor dem Regen sucht und sich vorstellt, ein Rotkehlchen zu sein, das unter den Hecken nach Futter sucht.

In einem seiner Gedichte gibt es einen Vers, der erklären könnte, was bei der Ankunft auf Achill mit einem passiert. Durcan schreibt, wir seien »global betrübt und lokal vergnügt«, und vielleicht umreißt er mit diesen Worten den instinktiven Umgang der Iren mit der Globalisierung. Kommt man auf Achill an, so verlässt man die globale Welt und betritt die lokale Welt. Anfangs folgt man noch seinem globalen Weg und denkt auch noch global, aber schon bald gewinnt die Kraft des Lokalen die Oberhand und verdirbt einen, bis man dem langsamen, dem Menschen angemesseneren Lebensrhythmus Achills nicht mehr widerstehen kann. Die Iren haben schon immer von Natur aus die Gabe besessen, das Weltgeschehen auf eine handliche Größe zurechtzustutzen, so als müsste man ein wenig Luft aus der Welt ablassen, die sich manchmal zu stark aufbläst. Man könnte auch sagen, dass es einer Wasserreinigung gleicht, denn die Iren nehmen alle Eigenarten der Weltkultur in sich auf, um aus diesen dann mit einem sicheren Instinkt für Selbstironie die wichtigsten Bestandteile herauszufiltern. Bei dem Versuch der Anpassung an die global geltenden Werte haben sich die Iren vor Eifer so sehr überschlagen, dass einer der schönsten Pubs des Landes, Taylor's Bar in Galway, in einen Lap-Dancing-Club umgewandelt wurde, ohne dass sich Widerspruch geregt hätte. Sie zucken nur mit den Schultern und sehen in der Veränderung eine Tugend an sich. Sie waren immer schon imstande, die plakative Sprache von Fernsehserien wie »Kojak«, »Dallas« und »Sex and the City« aufzunehmen und in einen witzigen, ureigenen Jargon zu verwandeln. Der Schriftsteller Patrick McGabe hat ein großartiges Lied darüber geschrieben und gesungen, wie die Bewohner einer irischen Kleinstadt auf den tragischen Tod von Jimi Hendrix reagieren: Die Leute laufen umher, schütteln traurig den Kopf und sagen: »Hendrix ist tot«, bis ein Mann in einer der örtlichen Bars fragt: »Und welcher der Hendrixes ist es?«, als könnte ein so legendärer Rockmusiker nur aus diesem Ort stammen und dürfte auf keinen Fall mit irgendeinem anderen Hendrix aus der Stadt verwechselt werden.

Weshalb kommen die Iren so gut mit der Globalisierung klar? Hat es mit den Nachwirkungen der großen Hungersnot und dem Weltbürgertum zu tun, das sich durch die Auswanderung wie von selbst ergab? Oder besitzen die Iren einen Vorsprung durch die englische Sprache und die

Erfahrungen als Kolonie Englands? Haben sie in all den Jahren, in denen sie Teil des britischen Weltreichs waren, ein Talent dafür erworben, gleichermaßen geschickt Widerstand leisten und sich anpassen zu können? Durch ihre Geschichte sind die Iren gut darauf vorbereitet, sich zu assimilieren und zugleich zu entziehen. Sie sind ein typisches Randvolk, das alles tun oder lassen kann, sich unbedingt aus allem heraushalten will, aber genauso unbedingt bei allem mit dabeisein möchte. Die Iren haben den einzigartigen Dünkel entwickelt, einerseits an der Peripherie Europas zu leben und andererseits der Mittelpunkt des Universums zu sein. Sie haben ihren Weg auf die Bühne der Welt gefunden, weil sie die weltweiten Trends zwar nachgeahmt, aber zugleich in etwas sehr Irisches verwandelt haben, weil sie immer lokal vergnügt und global betrübt geblieben sind, egal, wo sie gerade waren.

Abigail, ebenfalls zu Gast bei Violet McDowell, kommt aus Cleveland, Ohio. Sie ist nach Achill gekommen, um Irisch zu lernen, die Sprache ihrer Vorfahren. Sie bezeichnet sich als Sprachtouristin und ist hocherfreut, weil sie gerade das irische Wort für das Werkzeug zum Torfstechen gelernt hat, ein rechteckiger Spaten namens *speal*. Sie murmelt das Wort ständig vor sich hin und lächelt dabei. Während ihres Urlaubs lässt sie sich nicht Abigail, sondern Grainne nennen. Sie will hier nach den Spuren ihrer Vorfahren suchen, und sie erzählt uns mit bebender Stimme, wie es war, als sie entdeckte, dass ihr Urgroßvater von Achill stammt. Während der großen Hungersnot zwischen 1845 und 1849 verlor er seine Eltern. Er wurde von der protestantischen Mission in Dugort gerettet und wieder aufgepäppelt und besuchte jene Schule, die sich früher hier, in Grey's Guesthouse, befunden hat. Ihr Urgroßvater

konvertierte zum Protestantismus und wanderte schließlich nach Amerika aus. Irgendwann im Laufe der Zeit konvertierte seine Familie wieder zum Katholizismus, und
nun ist Grainne – oder Abigail – nach Achill zurückgekehrt, um die Sprache seiner Kindheit zu lernen. Sie hat
das Gefühl, als läge sie ihr im Blut. Sie ist amerikanische
Staatsbürgerin und lehrt an der Universität von Cleveland,
aber nun gehört sie zu Achill.

Sie steht in Grey's Guesthouse, im selben Raum, in dem
ihr Urgroßvater als kleiner Junge das Alphabet lernte. Seitdem scheint keine Zeit vergangen zu sein. Sie betrachtet
das gerahmte Foto der neu erbauten Mission, deren stren-
ger, rechteckiger Umriss den Eindruck erweckt, als hätte
man sie direkt in den Fuß des Berges gekerbt. Dugorts
sogenannte Protestant Colony war im neunzehnten Jahrhundert von Reverend Nangle gegründet worden, der in
einer Zeit großer Armut aus England herübergekommen
war. Damals lebten die Menschen meist in Cottages wie
jenen im verlassenen Dorf auf Achill. Das neue Dorf hatte
feste Häuser, Schulen, Säle und eine protestantische Kirche, die heute alle noch stehen. Violet McDowell, die ihr
ganzes Leben auf Achill verbracht hat, pflegt die Traditio-
nen ihrer Vorfahren und organisiert in der Dugort Hall
Kulturveranstaltungen wie Lesungen, Konzerte, Vorträge
oder Ausstellungen. Inzwischen ist die Kolonie durch die
Bäume und Fuchsienhecken ringsumher wieder mit der
Landschaft verschmolzen. Vor Grey's Guesthouse gibt es
einen gepflegten Garten mit exotischen Pflanzen und Blumen, der zum Schutz vor den Schafen von einer niedrigen
Mauer umgeben ist. Am Fuß des Hügels befindet sich ein
Friedhof, auf dem im Laufe der Jahre viele Menschen aus
der Kolonie ihre letzte Ruhestätte gefunden haben.

Grainne erzählt, dass man ihren Urgroßvater in den Jahren der Hungersnot als *souper* bezeichnet hätte, weil er Hilfe von den Protestanten angenommen hat. Das Wort *souper* zeugt von der Verbitterung der Iren darüber, dass genau jene Menschen aus Verzweiflung die Suppe der protestantischen Missionare aßen, die man früher wegen ihrer Konfession verfolgt hatte. Früher waren die katholischen Priester verfemt gewesen und hatten die Messe im geheimen auf versteckten Felsen irgendwo in der Landschaft gefeiert. Oberhalb von Slievemore, auf halbem Weg den Berg hinauf, gleich über dem verlassenen Dorf, gibt es einen weißen Felsen, den man jedesmal verhüllte, wenn an irgendeinem geheimen Ort auf der Insel die Messe abgehalten wurde. Das war das Signal für die Gläubigen. Während der Jahre der Hungersnot boten die protestantischen Missionare den Verhungernden Hilfe an, allerdings nur, wenn man bereit war zu konvertieren. Dieses Thema bleibt ein heißes Eisen, etwas, über das man hier auf Achill immer noch nicht diskutieren kann, ohne schmerzhafte Erinnerungen an die Vergangenheit und die Geschichte der religiösen Verfolgung zu wecken, aus der die katholische Kirche nach der Unabhängigkeit Irlands als zentrale Autorität hervorging. Grainne sagt, im späten neunzehnten Jahrhundert habe man ihre Familie sogar noch mehr verachtet und als »pervers« bezeichnet, weil sie erst zum Protestantismus und dann wieder zum Katholizismus konvertiert sei.

Am nächsten Morgen studieren die Gäste draußen schon die Landkarten und erörtern unterschiedliche Wanderrouten auf Achill Head. Selbst der Londoner Notar findet sich im Gespräch mit den anderen wieder und ist bereit, mit ihnen durch das Moor zu wandern. Einige von ihnen haben Stöcke aus Schwarzdornholz und dicke Stiefel mit Profilsohle. Dorrie, die in Grey's Guesthouse kocht, hat alle mit einem Lunchpaket versorgt, das Sandwichs mit Frühlingszwiebeln und Ei enthält. Vor ihrem Aufbruch werfen sie noch einen Blick auf das Fenster, durch das damals das Schaf mitten ins Zimmer gesprungen ist. Der Nordire sitzt noch beim Frühstück und liest die Morgenzeitung in der Hoffnung, Neues über Leuchttürme zu erfahren. Violet ist im Garten und pflückt Blumen für die Tische. Sie erzählt uns, dass sie ihren Gärtner im Sommer eine Stunde länger beschäftigt hat, nun jedoch zur alten Regelung zurückkehren möchte, weil er trotz längerer Arbeitszeit nicht mehr, sondern weniger schafft.

Nach dem Aufbruch der anderen begleiten wir Grainne auf einer Tour durch die Kolonie. Wir besichtigen die Kirche und den Friedhof und kommen an dem Haus vorbei, in dem die Missionare früher eine antialkoholische Bar betrieben haben. Dort veranstalteten sie Tanztees, bei denen man Saft und Limonade trank. Wir besichtigen die Dugort Hall, wo Violet bei ihren Dichterlesungen immer noch Wein ausschenkt. Als wir die Kolonie verlassen, entdecken wir die roten Hummerbojen, mit denen die Bewohner Achills ihre Torpfosten schmücken. Wir sehen einige Schafe, die wie in schwarzen, hochhackigen Schühchen zierlich über die Straße trippeln. Dann bleiben wir am Wegrand vor einem Cottage stehen, an dessen Giebelseite ein Kessel liegt. Es ist einer der großen, gusseisernen Kessel, in denen die Missionare in Dugort während der Jahre der Hungersnot ihre Suppe kochten. Wir wundern uns, dass dieses abgenutzte Artefakt aus der Vergangenheit noch nicht in einem Museum gelandet ist. Es liegt hier in Dugort im Freien, nicht weit entfernt von jener Kolonie, in der es den

Missionaren vor über hundertfünfzig Jahren als Werkzeug der Bekehrung all der Verzweifelten diente, die keine andere Wahl hatten. Der Kessel ist braun gestrichen, ist ungefähr so groß wie ein Fass und hat eine V-förmige, in den Rand geschnittene Tülle. An jeder Seite befindet sich ein Griff, durch den man einen Stock schieben konnte, um den Kessel anzuheben und seinen Inhalt in kleinere Gefäße umzufüllen. Wir stehen eine Weile stumm da und betrachten diesen Suppenkessel. Grainne bringt kein Wort hervor. Aber ich ahne, was ihr auf der Zunge liegt: Ohne diesen Kessel hätte ihr Urgroßvater die Hungersnot nicht überlebt. Ohne die im Kessel gekochte Suppe stünde sie nicht hier. Und ohne Violet McDowells großartiges Abendessen würden wir heute vermutlich alle verhungern.

17

Redensarten

Wenn man in Deutschland darauf aufmerksam gemacht wird, dass der Schnürsenkel lose ist, der Mantel hinten einen Fleck hat oder das Auto Öl verliert, versteht man das meist als hilfreich. Es gehört zu einem kollektiven Drang, die Welt zu verbessern. Man nimmt es als positive Geste, bedankt sich bei der Person, die einem den Hinweis gegeben hat, und sieht zu, dass man das Problem behebt. In Irland ist es umgekehrt. Macht einen jemand darauf aufmerksam, dass der Schnürsenkel lose ist, der Mantel hinten einen Fleck hat oder das Auto Öl verliert, so versteht man das nicht automatisch als hilfreichen Hinweis. Statt dessen lacht man abwehrend und sagt: Was geht dich das an? Man mustert die Person, die einem den hilfreichen Hinweis gegeben hat, und fragt sich, ob man gerade durch den Kakao gezogen wird. Man zahlt es der Person heim, die einem den hilfreichen Hinweis gegeben hat, indem man sagt, ihr Mantel sehe ja noch viel schlimmer aus, ihre Schuhe hingen in Fetzen, ihr Auto sei nur noch ein schnaufender Schrotthaufen. In Irland kommt man sozialer Kritik instinktiv zuvor, indem man sein Auto selbst als Schrotthaufen bezeichnet, bevor ein anderer dies tun kann. Auf den Aran Islands habe ich einmal folgenden Witz gehört: Ein Mann weist einen Bauern, der auf dem Feld arbeitet, darauf hin, dass er ein Loch in seiner Hose hat. Worauf der Bauer entgegnet, der Mann habe ja auch ein Loch im Arsch, da sei nun einmal nichts zu machen. Und vielleicht muss man die Sache tatsächlich ganz nüchtern sehen. Man kann die Welt nicht ändern. Und in einer Gesellschaft, die man sowieso nicht verändern kann, sollte man sich hilfreiche Hinweise besser verkneifen.

Natürlich ist das Unsinn. Kulturelle Klischees zu prägen ist fast ein Verbrechen. Beide Länder haben sich in der jüngsten Vergangenheit stark verändert, und in Irland und Deutschland leben inzwischen so viele Menschen mit gemischter Identität, dass die Ausnahme zur Regel geworden ist. Außerdem sieht man in jedem Land dieser Welt Leute mit Hosen, die ihnen regelrecht vom Hintern rutschen, mit Schuhen, deren Laschen und Senkel ständig lose sind. In Auflösung begriffen zu sein ist zur Mode geworden. Trotzdem frage ich mich manchmal, ob die Wahrheit in Deutschland nicht doch etwas anders aussieht als die Wahrheit in Irland. Da ich mit beidem gelebt habe, dem Zweideutigen und dem Eindeutigen, ist dies vielleicht eine sehr persönliche Meinung. In meiner Kindheit habe ich sowohl gelernt, der Wahrheit auf deutsche Art ins Auge zu sehen, als auch, die Wahrheit auf irische Art phantasievoll zu verkleiden. Ein Dubliner Taxifahrer erzählte mir neulich, dass der Hafentunnel, den man in der Hauptstadt baut, im Laufe der nächsten Monate fertiggestellt werde – virtuell gesprochen. Die Formulierung »bildlich gesprochen« war mir bekannt, diese aber nicht, und ich hielt es für einen sehr irischen Euphemismus für etwas, das vielleicht nie Realität wird. Inzwischen spricht jeder Ire »virtuell«. Die Veränderungen, die sozialen Fortschritte, der rasant wachsende Wohlstand – alles »virtuell gesprochen«.

Wenn in Deutschland eine Geschichte erzählt wird, spürt man oft eine verborgene Warnung, irgendeinen Hinweis darauf, dass die Fehler der Vergangenheit auf keinen

Fall wiederholt werden dürfen. Wenn in Irland eine Geschichte erzählt wird, spürt man oft, dass etwas ausgelassen und die nackte, unerträgliche Wahrheit verhüllt wird. Wieder einmal ist dieses Klischee sowohl falsch als auch richtig. Die Schriftsteller und Künstler beider Länder haben es sich zur Aufgabe gemacht, all jene vereinfachenden Selbstbilder zu widerlegen, an die wir inzwischen glauben. Andererseits wird die Art, wie man die Welt in beiden Ländern sieht, durch starke historische Einflüsse geprägt. Während die Iren immer eine Tragik in sich gespürt haben, sind die Deutschen ihrer Tragik ausgewichen. Die Iren sind dazu erzogen worden, den großen Helden der Aufstände nachzueifern, zum Beispiel Patrick Pearse und James Connolly, oder auch religiösen Ikonen wie der Jungfrau Maria. Die Deutschen hingegen wachsen immer noch mit Ikonen des Negativen auf, mit Monstern, denen sie auf keinen Fall gleichen sollen.

Meiner Ansicht nach versuchen die Deutschen, die Welt zu verbessern, indem sie die Dinge sachlich betrachten. Die Iren dagegen verbessern die Dinge immer noch gern, indem sie einen trüben Nebel und einen wilden Optimismus verbreiten. In beiden Ländern geht man jeweils anders an Probleme heran und hat unterschiedliche Arten, um jemanden auf einen Fehler aufmerksam zu machen. Dass eine Frau vor einer Lesung auf mich wartet, um mich auf einen Fehler auf Seite 58 meines Buches hinzuweisen, passiert mir wirklich nur in Deutschland. Der berühmte Drachenfels am Rhein wird nicht mit z geschrieben. Ich weiß, dass sie helfen möchte, und ich bedanke mich bei ihr für ihren Hinweis. Manchmal klingt so etwas aber so feindselig und schlimm, als wäre es die furchtbarste Schandtat der Literaturgeschichte und als wäre mein Buch völlig unlesbar. Sie fragt, wessen Fehler es sei. Ich antworte, es sei meine Schuld, hundertprozentig meine Schuld, und schließlich lässt sie die Sache auf sich beruhen und kehrt zu ihrem Platz zurück. Natürlich gibt es auch Leute, die mir nette Sachen sagen. Und wie mir aufgefallen ist, gibt es Unterschiede zwischen Ost- und Westdeutschland, was Verallgemeinerungen noch schwieriger macht. Bei einer Lesung in Erfurt las ich einmal eine Stelle über Torten vor und erklärte, dass man Irland besser nicht besuchen solle, um Torte zu essen. Warum muss ich die Leute davor warnen, dass die Kunst des Tortenbackens nicht gerade weit verbreitet ist? Man kann wegen des Guinness dorthin fahren, wegen des Geschichtenerzählens oder wegen des Apfelkuchens, aber nicht wegen der Torten. Hinterher kamen ein paar Frauen aus dem Publikum zu mir, um mir Tortenrezepte zu geben, und ich fragte mich, ob mir das im Westen auch passiert wäre.

Ich habe gelernt, Unterschiede zu betonen, ohne Klischees zu prägen. Man hat immer behauptet, dass die Selbstmordrate Irlands im europäischen Vergleich am niedrigsten sei. Da das Thema ein Tabu war, hat dies auch Heinrich Böll bei seinem Besuch in Irland geglaubt. Vielleicht stellt der Selbstmord eine so große Beleidigung der Lebenden und all jener dar, die auf dieser Welt zurückbleiben, dass wir ihn immer noch nicht als Realität anerkennen mögen. In Irland wollte sich niemand eingestehen, dass die Gabe zum Glücklichsein nicht allen im gleichen Maße gegeben ist. Die Menschen glauben nur, was sie glauben wollen, daran hat sich offenbar nichts geändert. Gut möglich, dass Irland immer die Insel bleibt, auf der viel geredet und nichts gesagt wird, auf der alles möglich ist – virtuell gesprochen.

Bei einer Feier in einem Segelclub in Dun Laoghaire traf ich Pat Johnston, die in der Nähe des Meeres in Sandycove lebt. Wir standen in der Eingangshalle und betrachteten einige der nautischen Ausstellungsstücke, gingen durch die Räume und bewunderten die Gemälde von berühmten Segelschiffen und legendären Stürmen. Wir kamen über den gemeinsamen Ort unserer Kindheit ins Gespräch, wo wir uns als Kinder beim Fischen von Krabben und Stachelrochen häufig gesehen haben mussten. Sie war eine Expertin in diesen Dingen und kannte den Namen jeder Landmarke und jedes Felsenteichs. Wir machten eine Art Inventur aller Menschen, die wir beide gekannt hatten, und aller Läden, die es damals in der Gegend gegeben hatte. Wie sich herausstellte, hatten wir beide einen Bambuskescher mit grünem Netz gehabt. Wir hatten auch beide eine Jahreskarte für die Badeanstalt gehabt, bis diese irgendwann wegen Finanznot geschlossen worden war. Wir erinnerten uns an die Bademeister in den weißen Kitteln, die mit ihren Keschern Kaugummiklumpen, Apfelstrünke und aufgeweichte Pflaster aus dem Wasser gefischt hatten. Wir tauschten den Tratsch aus, der sich im Laufe von fünfzig Jahren angesammelt hatte, und wir sprachen über die vielen Veränderungen, darüber, dass die Landschaft heute nicht mehr so unschuldig wirkt.

Pat erzählte von einem schönen Sommernachmittag, als sie mit ihren Freunden und einer Kinderschar zum Fischen zu den Felsenteichen gegangen war. Da gerade Ebbe war, beschloss sie, nach Seesternen zu suchen. An der Küste vor Sandycove einen Seestern zu finden, war ein Ereignis, und als Junge hatte ich trotz stundenlangen Suchens nie einen entdeckt. Wie sie erklärte, musste man dazu bei Ebbe weit hinausgehen. Natürlich hatte ich gewusst, dass es Seesterne gab, aber ich hatte immer nur vertrocknete Exemplare zu Gesicht bekommen, die zur Dekoration auf irgendwelchen Kaminsimsen lagen.

Pat konnte sich gut an jenen Nachmittag erinnern, als sie mit ihren Freunden und den Kindern den Strand abgesucht hatte. Sie wateten mit gelüpften Röcken durch das flache Wasser, immer gebückt, und sahen unter Steinen und Seetang nach. Sie entdeckten Krabben, die seitwärts in Deckung flohen. Sie entdeckten kleine Fische, die um ihre Füße flitzten. Sie sahen ihr eigenes Spiegelbild und ihre Beine, die im Wasser ganz krumm wirkten, aber sie fanden keinen einzigen Seestern. Der Nachmittag war lang, an Land läuteten die Glocken, und Pat, die weiter hinausgegangen war als die anderen, entdeckte plötzlich einen Seestern, der im Wasser auf dem sandigen Grund lag.

»Ich habe einen«, rief sie den anderen zu.

Sie griff in das Wasser, um den Seestern einzusammeln. Aber dann wurde ihr zu ihrem großen Entsetzen bewusst, dass sie gar keinen Seestern hielt, sondern die Hand eines jungen Mannes. Seine Leiche war halb unter dem Seetang begraben. Was sie einen Moment lang für einen Seestern gehalten hatte, waren in Wahrheit die kalten, weißen, ausgestreckten Finger eines Mannes Anfang Zwanzig, der eines Nachts vom Pier in Dun Laoghaire gesprungen war und sich ertränkt hatte und den das Meer jetzt wieder hergab. Sie hielt die Hand des jungen Mannes, als wollten sie im nächsten Moment gemeinsam unter Wasser davontanzen.

Die anderen platschten schon aufgeregt durch das Wasser auf sie zu. Pat ließ den Seestern fallen, drehte sich um und winkte abwehrend.

»Hier ist doch nichts«, rief sie. »Kehrt um.«

Natürlich durfte sie nicht zulassen, dass sie ihren Fund sahen, und trieb die anderen in aller Eile wieder zum Strand. Die Kinder fragten sich wahrscheinlich, warum die Suche nach Seesternen an diesem schönen Nachmittag ein so jähes Ende nahm. Vermutlich spürten sie, dass etwas faul war. Aber wie sollte sie ihnen die Sache erklären? Sie musste dafür sorgen, dass sie den Toten nicht sahen, und bat ihre Freunde, die Kinder nach Hause und damit so rasch wie möglich außer Sichtweite des Fundes zu bringen, während sie Hilfe holen ging. Die Flut lief schon auf und war dabei, den verlorenen Boden gutzumachen. Unterwegs sagte sie einigen Erwachsenen Bescheid, damit diese Neugierige von der Stelle fernhalten konnten, wo die Leiche lag.

Sie lief an der Badeanstalt vorbei, an Läden, die Kescher und aufblasbare Schwimmreifen verkauften, sie lief bis nach Glasthule, wo sie zwei Polizisten fand, die Streife gingen. Sie erzählte ihnen von ihrer Entdeckung, und gemeinsam eilten sie zum Strand, wo der Seetang in der auflaufenden Flut wehte. Da sie befürchteten, das Meer könnte sich zurückholen, was es an jenem Nachmittag so unerwartet freigegeben hatte, wateten die Polizisten in Uniform zu der Stelle, wo der junge Mann schon wieder davonzutreiben begann.

»Sie haben mir so leid getan, besonders der jüngere Polizist«, erzählte mir Pat. »Er war bestimmt nicht viel älter als der ertrunkene junge Mann. Sie hätten Brüder sein können. Und trotzdem musste er helfen, die Leiche zu bergen und an Land zu bringen.«

Überall am Ufer brachten die Eltern ihre Kinder eilends nach Hause, versprachen ihnen Softeis und alles mögliche, damit sie an diesem Nachmittag nicht mehr ins Wasser wollten. Am blauen Geländer hatten sich kleine Menschengruppen versammelt, die eine Art Totenwache hielten und die Leiche des jungen Mannes betrachteten, der mit einem bunten Handtuch auf dem Gesicht auf dem Beton lag. Sie flüsterten den Namen des Toten und warteten darauf, dass der Rettungswagen kam und ihn mitnahm.

18

Abschied

Der Abschied fällt schwer. Schwer fällt auch der Gedanke, dass wir vielleicht zum letzten Mal sehen, wie die Sonne auf die Bucht von Dooagh scheint. Durch einen makellos weißen Spalt im Nachmittagshimmel fällt das Licht und zeichnet eine sanft glitzernde Bahn auf das Wasser. Die blauen Inseln und die Klippen von Minaun in der Ferne sind so klar umrissen wie Radierungen. Wir versuchen, uns den Anblick einzuprägen, aber dann kommt unweigerlich der Augenblick der Abreise, wenn wir uns von den lebendigen Sinneseindrücken verabschieden müssen, der Augenblick, in dem die Landschaft zur Erinnerung wird. Was wir vor uns sehen, wird zu einer Art Foto, das wir im nachhinein betrachten. In diesem Augenblick tun wir einen nicht mehr rückgängig zu machenden Schritt aus der Gegenwart in die Vergangenheit, in diesem Augenblick geht der Tag in die Nacht über, in diesem Augenblick verliert das Lebendige seine Seele.

In Dublin ist es jetzt schon dunkel. Auf dem europäischen Festland ist man uns auf dem Weg in die Nacht sechzig Minuten voraus. Hier gönnt uns das Licht noch eine Weile, aber dann wird der Ozean vom Dunkel verschluckt und verschwindet. Wenn wir uns dieses Foto in ein paar Monaten oder in einem Jahr, vielleicht sogar anderswo auf der Welt anschauen, wird der Ort in unserer Erinnerung wieder bruchstückhaft zum Leben erwachen. Wir werden uns vage an den Rauch der Torffeuer erinnern und das Flüstern des Windes auf unseren Gesichtern spüren. Wir werden das Rauschen des Ozeans hören und wie von den Toten Auferstandene zu jenem unvergesslichen Augenblick zurückkehren, als wir das Nachmittagslicht auf der Bucht von Dooagh tanzen sahen.

Auch den Nonnen fiel der Abschied schwer. Das nüchterne Kloster über dem alten Walfanghafen in Purteen ist nun ein Zentrum für Tagespflege. Das Herz Jesu streckt immer noch die weißen Arme zum Meer aus, aber die Schwestern des Blauen Schleiers, die sich achtzehn Jahre lang um die alten Menschen auf Achill gekümmert haben, sind fort. Am Abend vor ihrer Abreise veranstalteten sie im Achill Head Hotel eine große Party, hinten in der Disco, wo die jungen Leute am Wochenende im blitzenden Licht trinken und tanzen. Die Priester und Nonnen saßen wie beim Letzten Abendmahl in einer Reihe am vordersten Tisch. Die Menschen waren von überall auf der Insel gekommen, um sich von Schwester Rosario zu verabschieden, der Äbtissin des Ordens von Achill, die schon über Achtzig war. Großfamilien mit Kindern. Politiker der unterschiedlichen Parteien, alle im Anzug. Sie hielten bewegte Reden, aßen Hühnchen mit Pommes frites und gedachten der Mildtätigkeit, die der Orden von Schwester Rosario den Menschen von Achill erwiesen hatte. Doktor King schenkte den Schwestern ein Gemälde der Klippen, damit sie immer ein Stück von Achill dabeihatten, egal, wo sie waren. Man wies darauf hin, dass Schwester Rosario nicht nur eine wunderbare Altenpflegerin, sondern auch eine begnadete Tänzerin gewesen sei. Sie hatte ein angeborenes Talent für das Tanzen und genoss den Ruf, selbst mit einem Esel einen Foxtrott oder gar einen Tango aufs Parkett legen zu können. Schwester Rosario schnitt die große

Abschiedstorte an, und die Stücke mit den vielen Schichten und dem rosa Zuckerguss glitten auf Papiertellern durch die Disco. Nun haben die Nonnen von Achill die Insel verlassen, und manche Menschen meinen, dass die Qualität der Altenpflege nie mehr so gut sein werde wie früher.

In Lourdy's Bar in Dooagh unterhalten sich die Männer über die erstaunlichen Fortschritte der Medizinwissenschaft. Lourdy, die Wirtin des Pubs, ist eine entschiedene Gegnerin des Rauchverbots und plädiert für einen Kompromiss: Man solle doch wenigstens vor dem Kamin rauchen dürfen, weil der Qualm dort durch den Schornstein abziehen könne. Außerdem, sagen die Männer an der Bar, könne man sich sowieso bald nagelneue Lungenflügel einsetzen lassen. Die Medizin hat ein Verfahren entwickelt, um menschliche Organe auf dem Rücken von Tieren nachzuzüchten. Man wird mindestens hundertfünfzig Jahre alt werden, und die Vorstellung, noch einige Jahrzehnte länger jeden Abend ein paar Bier zu trinken, scheint äußerst reizvoll zu sein. Ob man auch einen neuen Kopf bekommen kann? Nein, der Kopf ist etwas, von dem man wohl besser die Finger lässt. Johnny sagt, er habe nun seit siebenundsiebzig Jahren mit seinem eigenen Kopf gelebt und wolle ihn auch gern behalten. Außerdem können medizinische Eingriffe schiefgehen, und dann sieht man vielleicht so aus wie einer dieser Politiker, zum Beispiel der irische Justizminister. Und was solle man mit einem so hässlichen neuen Kopf anfangen? Man würde doch sofort die Beine in die Hand nehmen und wieder ins Krankenhaus rennen, um seinen alten Kopf zurückzuverlangen. Und die Schwestern würden dann in den Mülltonnen wühlen und immer wieder fragen: Ist er das hier? Den können wir Ihnen wirklich nicht mehr aufsetzen, bei allem, was Gott recht ist.

Die Bar füllt sich mit einheimischen Frauen und Männern, die von einer Schulversammlung kommen, und manche von ihnen sind angezogen wie für eine Hochzeit. Achill hat zwei der besten Schulen des Landes mit den klügsten Schülern, die jedes Jahr herausragende Zensuren bekommen. Angeblich haben sich die Schüler nun in zwei Lager gespalten: in das der Hurling-Fanatiker und das der Surf-Fanatiker. Alle diese jungen Menschen werden auswandern, allerdings nicht wie die Generation ihrer Eltern auf Baustellen in England und Amerika, sondern nach Dublin und anderen Städten, wo sie einen interessanten Job bekommen können. Sie gehören zu der innovativsten Generation junger Iren, die es je gegeben hat, und auf die Insel werden sie höchstens zurückkehren, um sich ein Sommerhaus zu bauen. Man unterhält sich über das neue Haus, das unterhalb von Slievemore Mountain entsteht, ein Prachtbau mit Wintergarten, Bleiglasfenstern und dem Namen »Brigadoon«, der am Tor auf einer glänzenden schwarzen Marmortafel prangt.

Man unterhält sich über das verschwundene Lotterielos, das Schlagzeilen gemacht hat: Angeblich war einem jungen Mann von Achill das Los mit den Gewinnzahlen für einen Jackpot von zwei Millionen Euro hinten aus der Tasche gerutscht, als er seiner Freundin auf dem Slievemore den Hof machte. Aus dem ganzen Land kamen Menschen, um den Berg nach dem Los abzusuchen, aber es wurde nie gefunden. Man spricht über die sechziger Jahre, als John Lennon Achill besuchte. Er hatte eine Insel vor der Westküste gekauft und war im Mulranny Hotel in Westport abgestiegen. Eines Tages kam er gemeinsam mit Yoko

Ono in einem Hubschrauber nach Achill, um eine Party zu schmeißen, oben auf Minaun Head, mit Blick auf Dookinella. Er brachte einen Kasten Bier und einen Kasten Champagner mit, was die Einheimischen allerdings erst später entdeckten. Angeblich wurden John Lennon und Yoko Ono danach von einem Mann aus Mayo bis nach Castlebar mitgenommen, und der Mann hatte keine Ahnung, um wen es sich bei diesen schräg aussehenden Trampern handelte. Der Autofahrer wollte wissen, womit dieser junge Mann mit den langen Haaren und der runden Brille seinen Lebensunterhalt verdiente, und als der junge Mann antwortete, er spiele in einer Band, fragte der Autofahrer, ob es sich um eine Show-Band oder eine Country-Band handele. Er hatte nie etwas von den Beatles gehört, und als ihm der berühmte Tramper mit der runden Brille schließlich sagte: »Ich bin John Lennon«, schüttelte ihm der Autofahrer die Hand und erwiderte: »Ich bin Danny Jordan.«

In einer Ecke sitzt die Künstlerin Camille Souter, umringt von ihren Freunden. Sie erzählt, dass sie jede Heizung hasse, nur das Torffeuer nicht, und vielleicht geht es ihr gar nicht um die Heizung, sondern nur darum, Gesellschaft zu haben. Sie erzählt, dass sie ihr Blechdach durch eines aus Schiefer ersetzen musste, und ihre Freunde erwidern, da könne sie froh sein, denn vorher habe sie bestimmt das Gefühl gehabt, in einer Lambeg-Trommel zu wohnen, wenn der Regen nachts auf das Blechdach prasselte. Sie reden davon, dass es auf Achill demnächst Breitband-Internet geben werde, so wie es irgendwann Elektrizität oder Verhütungsmittel gegeben hat, und das werde sowohl die Menschen als auch die Kultur völlig umkrempeln. Der junge Mann, der im ganzen Westen Irlands die

Breitbandanschlüsse installiert, kommt aus Polen. Aber egal, wie eng die Iren mit dem Rest der Welt vernetzt sind, in Dublin werden die Lichter immer noch zwanzig Minuten früher angehen, und die Menschen auf Achill werden dem europäischen Festland immer noch eine Stunde hinterherhinken, Moskau drei und Melbourne zehn Stunden.

Maggie Morrison hat für diesen Abend ein Pferderennen organisiert, dessen Erlös wohltätigen Zwecken dienen soll. Der Sieger bekommt eine Flasche Whiskey. Jeder wird eingeladen, ein Los zu kaufen und sich einen Namen für sein Rennpferd auszudenken. Die Namen werden auf Zetteln notiert, die in einen Hut geworfen werden. Am Ende des Abends wird man das Siegerpferd ziehen. Maggie möchte wissen, wie mein Pferd heißen soll. Ich überlege kurz und entscheide mich dann für den ersten Namen, der mir einfällt – natürlich »Purpurwolke«. Ich nenne ihr den Namen, und sie lässt mein Pferd mit an den Start gehen, doch wir werden nie erfahren, ob Purpurwolke gewinnt, weil es Zeit zum Aufbruch ist.

Der Abschied von allem, was nur hier auf Achill zählt und vielleicht nirgendwo sonst, fällt schwer. Wir steigen ins Auto und machen uns wieder auf den Weg nach Dublin. Wir haben das Gefühl, im Rückwärtsgang heimzukehren, durch eine Reihe von Türen zu fahren, die sich hinter uns schließen, während wir immer tiefer in die Erinnerung eindringen. Wir rasen in die Zukunft, holen die Nacht ein, holen Europa ein. Auf einem See erblicken wir das silbern blitzende Spiegelbild des Mondes. Ein geisterhafter Mond, vor dem sich die Silhouette eines einsamen Baumes abzeichnet, gebeugt vom unablässigen Wind. Im Autoradio läuft ein Song, der erzählt, wie Hunde einer

Frau namens Jezebel nachbellen, die auf einer Straße davongeht. Der Refrain lautet: »Wait, we swear we'll love you more …« Vielleicht rufen sie ja uns hinterher. Vielleicht sind es ja die Hunde von Dookinella, die uns zurufen: Wartet nicht zu lange mit eurem nächsten Besuch.

Danksagung

Der Autor bedankt sich für eine ganz besondere Art von Gastfreundlichkeit, Großzügigkeit, Geschichten, Gemunkel, Zeit, Inspiration, Freundschaft und noch vieles andere mehr – bei John F. Deane, Tom Inglis, Bridget and Paddy McGrath, John McHugh, Maggie Morrison, Michael Carr, René Böll, Dr. Edward King, Elizabeth und John Barrett, Violet McDowell, Tommy Johnson, Eoin und Eva Bourke, Chris Fitzgerald, Jean Tansey, Owen Burke, Tom McNamara, Hermann Rasche, Matthias Müller-Wieferig, Monika Schlenger, Gisela Holfter, Jürgen Schneider, Hans-Christian Oeser, Ralf Sotschek, Bernie Winters, Jim Quigley, Camille Souter, Ann Shannon, Sheila Sullivan, Mary McNulty, Moya McNulty, Anton McNulty, Paul Durcan, Colum McCann, Abigail Egan (McGinty), Brian Sheridan, Pat Johnston, Thies Jentz, Heimar Schroeter, Henning Ahrens und Petra Eggers. Vielen Dank dem Achill Folklore Centre, The Bervie Guesthouse, Gray's Guesthouse, The Crossroads Bar, The Minaun Bar, Lourdy's Pub und besonders dem Mayo County Council und The Heinrich Böll Association of Achill Island.

Der englische Titel lautet: *The Island of Talking.*
An Irish Journal Fifty Years after Heinrich Böll

Verlagsgruppe Random House FSC-DEU-0100
Das FSC-zertifizierte Papier *Munken Print*
für die Sammlung Luchterhand liefert
Arctic Paper Munkedals AB, Schweden

1. Auflage
Originalausgabe
Copyright © 2007 Hugo Hamilton
Copyright © der deutschsprachigen Ausgabe 2007
Luchterhand Literaturverlag, München,
in der Verlagsgruppe Random House GmbH
Satz: Greiner & Reichel, Köln
Druck und Einband: Clausen & Bosse, Leck
Printed in Germany
ISBN-13: 978-3-630-62117-3

www.luchterhand-literaturverlag.de